Rote Krimi

Von Isaac Asimov sind außerdem im
Goldmann Verlag erschienen:

Die „Schwarzen Witwer" bitten zu Tisch · 4922
Genesis · 11346
Die phantastische Reise · 23436
Der fiebernde Planet · 23171
Radioaktiv . . . ! · 23039
Sterne wie Staub · 23016
Wasser für den Mars · 23050

ISAAC ASIMOV

Seite 13

und andere Geschichten aus dem Union Club

THE UNION CLUB MYSTERIES

Deutsche
Erstveröffentlichung

Wilhelm Goldmann Verlag

Aus dem Amerikanischen übertragen
von Christine Frauendorf-Mössel

Herausgegeben von Friedrich A. Hofschuster

1. Auflage Mai 1984 · 1.– 8. Tsd.
2. Auflage September 1984 · 9.–14. Tsd.

Made in Germany 1984

Umschlagentwurf: Design Team München
Umschlagfoto: Richard Canntown, Stuttgart
Satz: Mohndruck Graphische Betriebe GmbH, Gütersloh
Druck: Elsnerdruck GmbH, Berlin
Krimi 4953
Lektorat: Annemarie Bruhns
Herstellung: Sebastian Strohmaier
ISBN 3-442-04953-9

Für Eric Protter

Inhalt

Vorwort

Als ich diese Zeilen vor drei Jahren niederschrieb, hatte Eric Protter von der Zeitschrift *Gallery* mich gefragt, ob ich mir vorstellen könne, jeden Monat eine Kriminalgeschichte für seine Illustrierte zu schreiben.

Zuerst war ich skeptisch. *Gallery* ist das, was man im allgemeinen unter einem »Herrenmagazin« versteht. Im Gegensatz zu den meisten Konkurrenzblättern ist allerdings die Aufmachung durchaus geschmackvoll. Auch *Gallery* hat jedoch nur ein Hauptthema: den – vorzugsweise unbekleideten – weiblichen Körper. Bitte verstehen Sie mich richtig! Ich habe nichts dagegen einzuwenden, und meine Artikel sind von jeher auch in *Gallery* und anderen einschlägigen Zeitschriften erschienen. Aber niemand kann mich zwingen, etwas zu lesen, das mir nicht zusagt – auch dann nicht, wenn in einer entsprechenden Nummer ein Artikel von mir abgedruckt ist. Ich habe jederzeit die Möglichkeit, die Seiten mit meinem Artikel herauszutrennen, sie gesondert abzuheften und den Rest wegzuwerfen. Und sollte auf der Umseite ein gewisses Foto abgedruckt sein – nun dann muß ich es mir ja nicht ansehen; und sollte ich es doch tun – umbringen wird es mich wohl nicht.

Allerdings hatte ich mich bisher in meinen Artikeln immer mit wissenschaftlichen Themen auseinandergesetzt, und jetzt sollte ich plötzlich Kriminalgeschichten schreiben.

Nachdem ich lange genug gezögert hatte, antwortete ich vorsichtig: »Eric, ich hoffe wir verstehen uns richtig – aber ich schreibe keine erotischen Geschichten.« Das tue ich wirklich nicht. Gelegentlich lasse ich mir zum Spaß ein gewagtes Limerick einfallen, aber das ist alles.

»Das weiß ich«, beruhigte Eric mich. »Was mich interessiert, sind Kriminalgeschichten deines Stils. Jede sollte ungefähr zweitausend Worte umfassen, und ich möchte, daß sie in einer Art und Weise enden, daß der Leser die Chance hat, den Fall zu lösen, bevor dein Detektiv das tut. Die Lösung wird dann auf einer anderen Seite veröffentlicht.«

Die Sache begann mich zu interessieren. Meine erste Geschichte gefiel mir zwar, doch ich hatte das richtige System noch nicht gefunden. Erst beim zweiten Anlauf funktionierte es. So war »In der Falle« entstanden.

Da ich meinen Lesern gegenüber stets fair sein will, verrate ich Ihnen die Methode, nach der ich dabei vorgegangen bin. Jede Geschichte beginnt mit einer Unterhaltung von drei alten Herren in der Bibliothek des Union Clubs. Der vierte im Bunde ist Griswold, der immer so lange schläft, bis ihn eine Bemerkung in der Unterhaltung der anderen weckt und an eine erlebte Geschichte erinnert, die er anschließend erzählt. Dabei hört er allerdings an dem Punkt auf, an dem die anderen drei in der Lage sein sollten, die Lösung zu erraten. Da dies jedoch nie glückt, gibt Griswold schließlich die Antwort.

In meinen Geschichten ist das mit einem Absatz gekennzeichnet, so daß sich auch der Leser aufgefordert fühlen darf, mitzuraten. Manchmal mag Ihnen die Lösung recht offensichtlich erscheinen, gelegentlich sind Sie sicher der Meinung, kein Mensch könne bei den spärlichen Informationen, die zu geben ich bereit bin, das Rätsel entwirren, dann wieder gestehen Sie sich vielleicht ein, daß sie die Lösung erraten haben müßten, und bewundern die Klugheit, mit der ich sie zu verschleiern wußte, ohne unfair zu sein, oder Sie machen erst gar nicht den Versuch, den Dingen auf den Grund zu gehen, und lesen einfach weiter.

Zum Schluß erlaube ich mir eine letzte Warnung. Es ist mir in diesen Geschichten gelungen, so zu tun, als besitze ich eine Menge Insider-Informationen über Spionage, die Polizei und Organisationen der Regierung. Der Schein trügt. Eigentlich habe ich von alledem keine Ahnung. Ich denke mir alles nur aus, und falls Sie Experte sein und bemerken sollten, daß ich gelegentlich furchtbaren Unsinn schreibe, dann dürfte Ihnen der Grund jetzt klar sein.

1.
In der Falle

Wenn wir vier an einem verschneiten Abend im Union Club zusammensaßen, kam immer ein besonders entspanntes Gespräch zustande, sobald Griswold schlief. Dann nämlich wußten wir, daß die Unterhaltung sich am zügigsten und ergiebigsten gestalten ließ.

»Bei dieser Schwemme von Spionagethrillern, die wir gerade erleben, kapiere ich nicht, wozu Agenten heutzutage überhaupt noch gut sein sollen. Schließlich haben wir Aufklärungssatelliten, die uns das gewünschte Informationsmaterial liefern«, sagte Baranov.

»Völlig richtig«, pflichtete Jennings ihm bei. »Was für Geheimnisse gibt's denn noch? Wenn irgendwo eine Atombombe gezündet wird, registrieren das Monitore auf der ganzen Welt. Wir haben die Koordinaten aller militärischen Anlagen des Gegners in abschußbereite Raketen gespeichert, und die anderen tun dasselbe. Unsere Computer halten die des Gegners in Schach und umgekehrt.«

»Im richtigen Leben ist so was stinklangweilig«, warf ich ein. »Aber die Bücher bringen vermutlich viel Geld ein.«

Griswolds Augen waren geschlossen. Da er sein viertes, noch fast volles Glas Scotch mit Soda allerdings fest in der Hand hielt, wäre anzunehmen gewesen, daß er nicht schlief, sonst hätte er eigentlich etwas verschütten müssen. Aber das war ein Trugschluß. Wir hatten schon erlebt, daß er eineinhalb Stunden ununterbrochen schnarchte, ohne daß auch nur ein Tropfen aus seinem vollen Glas gelaufen wäre. Selbst wenn alle übrigen Glieder gelähmt gewesen wären, hätte Griswold sein Glas noch immer sicher in der Hand gehalten.

Und trotzdem täuschten wir uns diesmal. Griswold war

wach. Er schlug plötzlich die Augen auf und sagte: »Euer Problem ist, daß ihr von Agenten keine Ahnung habt. Aber wer hat das schon?« Er trank einen Schluck Scotch.

»Sogar Spione wissen nichts über Spione«, fügte er hinzu . . .

Eigentlich war ich während des Zweiten Weltkriegs gar kein richtiger Spion – begann Griswold zu erzählen –, zumindest habe ich mich nicht dafür gehalten.

Nie ist eine schöne Frau in panischer Angst zu mir gekommen und hat mir einen Mikrofilm anvertraut, den ich unter Einsatz meines Lebens für sie aufbewahren sollte. Nie bin ich von düsteren Gestalten mit Luger-Pistolen in den Trenchcoattaschen auf die Freiheitsstatue oder über die Golden Gate Bridge gejagt worden. Man hat mich kein einziges Mal hinter feindliche Linien geschickt, um dort strategisch wichtige Einrichtungen in die Luft zu sprengen.

Eigentlich war ich ein junger Mann Anfang Zwanzig, der in einem Labor in Philadelphia herumsaß und sich frustriert fragte, weshalb er keinen Einberufungsbefehl bekam. Als ich versuchte, mich freiwillig zu melden, wurde ich aus der Rekrutierungsstelle geworfen, und die Mitglieder der zuständigen Wehrkommission ließen sich bei mir verleugnen.

Erst viel später kam ich zu dem Schluß, daß man mich im Zivilleben beließ, weil mir Spionageaufgaben zugedacht waren.

Viele wissen nicht, daß kein Agent wirklich weiß, was er eigentlich macht. Er darf es auch nicht wissen, um seine Sicherheit nicht unnötig zu gefährden. Weiß ein Agent zuviel, schadet er seiner Sache, falls er erwischt wird, oder er wird so wertvoll, daß er versucht sein könnte, zum Gegner überzulaufen, sich in angetrunkenem Zustand zu verplappern oder bei einer schönen Frau schwach zu werden und ihr Staatsgeheimnisse ins Ohr zu flüstern.

Nur ein ahnungsloser Spion kann sich verhältnismäßig sicher fühlen, aber am sichersten ist er, wenn er nicht einmal weiß, daß er ein Agent ist.

Irgendwo in den Tiefen des Pentagon, des Weißen Hauses oder in einem Backsteingebäude in Nyack oder San Antonio oder anderswo existieren Meisterspione, die über genug Wissen verfügen, um bedeutend zu sein. Aber keiner kennt sie, und ich wäre kaum überrascht, wenn nicht einmal sie über ihre Rolle Bescheid wüßten.

Das ist auch der Grund, weshalb in Kriegszeiten derartig viele idiotische Pannen passieren. Jeder – und zwar ohne Ausnahme – wird im unklaren gelassen, denn zuviel Wissen würde den einzelnen unzuverlässig machen, und Generäle verstehen es, in Dunkelzonen zu operieren.

Lest unsere Militärgeschichte, meine Freunde, und prüft, ob so betrachtet, das Verwirrspiel nicht plötzlich Sinn ergibt.

Ich bin jedenfalls Agent gewesen. Als ich anfing, war ich praktisch ein grüner Junge und stand daher ganz unten in der Hierarchie. Das bedeutete natürlich, daß ich überhaupt nichts wußte. Ich empfing und dachte, sie bezögen sich lediglich auf meine Arbeit im Labor. Selbstverständlich war ich ein heller Kopf, was euch nicht überraschen wird. Und ich hatte Erfolg. Das machte mich wichtig.

Natürlich bin ich mir zu jenem Zeitpunkt dessen nicht bewußt gewesen. Anderenfalls hätte ich sofort Gehaltserhöhung verlangt. Zweitausendsechshundert Dollar im Jahr waren selbst damals nicht viel Geld. Vermutlich ist das auch einer der Gründe dafür gewesen, daß man mich nicht aufgeklärt hat. Sie haben damit nur Geld gespart.

Rückblickend erinnere ich mich allerdings an einen kleinen Geniestreich, der mir eigentlich tausend Dollar Gehaltsaufbesserung oder einen Orden vom Kongreß – je nachdem, was besser gewesen wäre – hätte einbringen müssen.

Dazu muß ich ein wenig weiter ausholen.

In jenen Jahren kämpften wir gegen die Deutschen, wie ihr euch vielleicht erinnert. Auch die Japaner waren unsere Gegner, aber in diesem Bereich bin ich nie tätig gewesen. Für die Spionagearbeit unter Asiaten hatte ich nicht den richtigen Augenschnitt.

Die Deutschen waren ja bekanntlich ausgesprochen tüchtig. Sie hatten uns in Scharen infiltriert; und zwar unter falschen Namen, mit gefälschten Papieren und frei erfundenen Lebensläufen. Die Deutschen hatten die Aktion hervorragend und gründlich organisiert.

Vermutlich fragt ihr euch jetzt, weshalb wir nicht mit gleicher Münze heimgezahlt und Amerikaner nach Deutschland geschickt haben.

Nun, die Möglichkeit hätten wir natürlich gehabt, nur wäre ein Erfolg sehr fraglich gewesen. Wir hatten gegen die Deutschen und ihre homogene Nation kaum eine Chance. Amerika dagegen ist ein Schmelztiegel sämtlicher ethnischer Gruppen und Akzente.

Wäre einem unserer Agenten auch nur ein kleiner Fehler in Deutschland unterlaufen, hätte er, bevor er sich versah, am nächsten Baum gebaumelt. Hier mußten wir zehn bis zwölf Monate warten, bis wir sicher sein konnten, ob wir es mit einem deutschen Agenten oder einem ehrlichen und loyalen amerikanischen Bürger mitteleuropäischer Abstammung zu tun hatten.

Aus diesem Grund waren uns die Deutschen stets eine Nasenlänge voraus. Natürlich hatte ich von diesen Dingen keine Ahnung. Keiner wußte darüber Bescheid – bis auf vielleicht fünf Personen, die jeweils gut fünfundzwanzig Prozent des Sachverhalts kannten. Natürlich weiß ich, daß das insgesamt hundertfünfundzwanzig Prozent ausmachen, aber Überschneidungen sind eben nicht zu vermeiden.

Meine besondere Begabung lag in der Enttarnung von Agenten. Und genau das hat meine Einberufung zur Armee verhindert. Mein unfehlbarer Spürsinn wurde einfach dringend gebraucht.

Sobald man jedenfalls auf einen äußerlich waschechten Amerikaner gestoßen war, bei dem der Verdacht bestand, daß es sich um einen falschen Kantonisten handeln konnte, wurde ich auf ihn angesetzt. In solchen Fällen wurde mir bei der Erprobungsstelle der Marine-Flieger, wo ich als Chemiker arbeitete, gesagt, man wolle eine Person einstellen, über deren Loyalität gegenüber dem Staat man sich nicht im klaren sei.

Ich hielt von diesen Überprüfungen nicht viel. Wir hatten damals einen Kommandanten, der jeden verdächtigte, dessen Sprachschatz auch zweisilbige Worte beinhaltete. Meistens stellte sich später heraus, daß es sich um einen aufrichtigen, anständigen Amerikaner handelte, der wie jeder seine Steuererklärung frisierte und sich vor dem Militärdienst drückte. Wie gesagt, bis auf einige Ausnahmen.

In diesem Fall wurde ich in das Büro des diensthabenden Offiziers gerufen. Damals hatte ich von den Hintergründen der Angelegenheit keine Ahnung. Erst viel später fielen mir Papiere in die Hände, aus denen andeutungsweise hervorging, daß von dieser Sache der Ausgang des Krieges abgehangen haben könnte.

Aber zu jenem Zeitpunkt wußte ich natürlich nichts davon.

»Griswold«, sagte der Kommandeur. »Wir haben einen Neuen bei uns. Sein Name ist Brooke. Er schreibt sich mit ›e‹ am Ende. Seine Vertrauenswürdigkeit ist noch fraglich. Wir wissen nicht, ob wir es mit einem waschechten, loyalen Amerikaner oder einem miesen, gemeinen Nazi zu tun haben. Sie sollen für uns die Wahrheit herausfinden, Griswold. Und was das Wichtigste ist – wir brauchen das Resultat bis heute nachmittag um fünf Uhr. Falls Sie es bis dann nicht geschafft haben oder Ihre Beurteilung falsch sein sollte ... Tja, dann, mein Lieber ...«

Der Kommandeur zündete sich eine Zigarette an, starrte mich durch den Rauch hindurch aus zusammengekniffenen Augen an und sagte mit schneidender Stimme: »Sollten Sie versagen, Griswold, können Sie sich in Zukunft jede Art von Beförderung aus dem Kopf schlagen.«

Das setzte mich natürlich mächtig unter Druck. Hätte ich gewußt, daß der Ausgang des Krieges davon abhing, hätte ich die Sache gelassener hingenommen. Ein verlorener Krieg ist nur eine Notiz im Buch der Geschichte, aber der Verlust jeglicher Beförderungschance ist eine menschliche Tragödie.

Ich warf einen Blick auf meine Uhr. Es war zehn Uhr fünfzehn vormittags. Damit blieben mir knapp sieben Stunden Zeit.

Die betreffende Person lernte ich allerdings erst gut dreißig Minuten später kennen, und anschließend hielt es der Direktor des Labors für angebracht, dem Neuen zwei Stunden lang seinen zukünftigen Aufgabenbereich zu erklären.

Erst kurz vor zwei Uhr nachmittags fanden wir uns an zwei benachbarten Schreibtischen im Labor wieder. Endlich konnte ich ein Gespräch mit ihm beginnen.

Der Neue war ein sympathischer Typ, was ihn allein schon verdächtig machte, denn natürlich versucht der Agent einer fremden Macht immer einen guten Eindruck zu machen. Das Dumme ist nur, daß genau das auch auf einen gewissen Prozentsatz der unbescholtenen Bürger zutrifft. Ihre Anzahl ist jedoch nicht groß genug, um die Angelegenheit wirklich zu komplizieren.

Ich ging davon aus, daß ihn etwas Neugier meinerseits nicht stören würde. Damit mußte er schließlich rechnen; und er war gezwungen, mitzuspielen.

Jede Zurückhaltung seinerseits hätte ihn nur verdächtig gemacht, und falls er ein feindlicher Agent war, bedeutete das seinen sicheren Tod. War er kein feindlicher Agent, konnte man nur annehmen, daß er mit dieser Reserviertheit seine Dummheit zu verbergen versuchte, und er mußte damit rechnen, auf einen Verwaltungsposten abgeschoben zu werden. Beide Aussichten waren gleichermaßen unerfreulich.

Außerdem neigten deutsche Agenten, die die Verteidigungsorganisationen der Vereinigten Staaten unterwandern sollten, dazu, bei jeder Gelegenheit zu beweisen, daß sie Verhören unbeschadet widerstehen konnten, und sie forderten Fragen geradezu heraus.

Schließlich wählte man in Deutschland für diese Aufgabe hauptsächlich Personen aus, die ihre Jugend in Amerika verbracht hatten und ohne Schwierigkeiten mit dem amerikanischen Englisch zurechtkamen. Zusätzlich war diesen Agenten ein gründliches Allgemeinwissen über Amerika eingedrillt worden.

Sicher habt ihr schon davon gehört, daß man einen deutschen Spion, der sich als Amerikaner ausgibt, enttarnen kann, indem man ihn über die Sieger der Baseball-Profiliga des Vorjahres ausfragt. Ihr werdet es kaum glauben, aber jeder dieser Agenten wußte detailliert über die Profiliga und sämtliche anderen Baseball-Ligen Amerikas Bescheid; ganz zu schweigen vom amerikanischen Boxsport und den Namen sämtlicher amerikanischer Vize-Präsidenten der vergangenen fünfzig Jahre.

Aber irgendwie mußte es einen Weg geben.

Ich sprach mit ihm über Politik und Sport, und er wußte auf diesen Gebieten ebensoviel wie ich. Dann versuchte ich es mit idiomatischen Redewendungen und Slangausdrücken, ohne ihn auch nur ein einziges Mal in Verlegenheit bringen zu können. Wir waren beide gerade mit Destillationsprozessen beschäftigt und hatten daher viel Zeit für eine ausgiebige Unterhaltung. Außerdem gilt allzu großer Arbeitseifer und -einsatz bei Beamten als verdächtig – besonders in Kriegszeiten.

Schließlich schlug ich Wortspiele vor. Nach einigen harmlosen Spielchen kamen wir ganz zwanglos zur freien Assoziation. Ich behauptete, mit Hilfe der freien Assoziation ihm auf den Kopf zusagen zu können, wann er zum letzten Mal mit einer Frau geschlafen habe und was sie dabei gemacht hätten; gleichgültig wie geschickt er das auch vor mir zu verbergen versuche. Wir wetteten fünf Dollar und noch einmal fünf Dollar darauf, daß er kein Wort oder keinen Satz innerhalb von fünf Sekunden beantworten würde. Als Zeitmesser galt meine Uhr.

Es war zwanzig nach vier, als wir anfingen, und ihr könnt euch denken, wie ernst es uns beiden damit war. Wir kämpften um den Sieg in diesem Krieg und um zehn Dollar. Und für uns beide waren zehn Dollar eine Menge Geld.

Ich begann mit ›Tisch‹, und er antwortete ›Bett‹. Dann sagte ich ›DiMaggio‹[1], und er konterte mit ›homerun‹[2]. Ich fuhr fort mit ›G.I.‹, und er erwiderte ›Joe‹. Ich sagte ›Klarinette‹, und er entgegnete prompt ›Benny Goodman‹. So ging es eine ganze Weile weiter. Schritt für Schritt gestaltete ich das Spiel immer komplizierter.

Schließlich sagte ich um Viertel vor fünf ›Schrecken der Flucht‹, und er antwortete prompt ›Schatten des Grabes‹. Danach machte ich einem Herrn ein verabredetes Zeichen. An einem Schreibtisch am anderen Ende des Raumes stand ein Mann auf und kam auf uns zu. Er packte den Burschen beim Kragen und schleppte ihn zur Tür. »Sie schulden mir noch zehn Piepen«, schrie der Ertappte immer wieder, doch

[1]DiMaggio – Berühmter amerikanischer Baseballstar
[2]homerun – Beim Baseball Lauf um sämtliche Male auf einem Schlag

er hatte kaum eine Chance, sein Geld je eintreiben zu können.

Ihr wißt ja nun sicher, was passiert war, so daß ich mein angenehmes Nickerchen wieder fortsetzen kann.

Wir mußten ihn wecken. »Was war denn passiert?« fragte ich erregt und rüttelte Griswold ziemlich unsanft an der Schulter. Er hatte Mühe, das fast volle Whiskyglas in seiner Hand nicht zu verschütten. »Erzähl deine verdammte Geschichte gefälligst zu Ende!«

»Das darf doch nicht wahr sein! Ihr habt nichts kapiert?« sagte er empört. »Der Ausdruck ›Schrecken der Flucht‹ stammt aus der dritten Strophe unserer Nationalhymne ›Das Sternenbanner‹. Dort heißt es nämlich in der fünften und sechsten Zeile:

Und keine Zuflucht fanden die Gekauften und Sklaven

Vor dem Schrecken der Flucht oder dem Schatten des Grabes . . .

Meine Herren, kein anständiger, waschechter Amerikaner kennt den Text der ersten Strophe unserer glorreichen Nationalhymne; geschweige denn hat er je was von der Existenz einer dritten Strophe gehört . . . Ich bin da natürlich eine Ausnahme, weil ich einfach alles weiß. Jedenfalls ist die dritte Strophe chauvinistisch und blutrünstig, und war daher in jenen friedliebenden Tagen des Zweiten Weltkriegs aus unserer Nationalhymne gestrichen.

Nur sind die Deutschen so gründlich, daß sie ihren Agenten sämtliche Strophen der Hymne eingebleut haben, so daß sie jede einzelne Zeile perfekt beherrschen. Und das hat dem Burschen dann das Genick gebrochen.

Das einzig Unangenehme an der Sache war, daß ich nie eine Gehaltserhöhung bekommen habe, ja, daß man mir nicht mal die zehn Dollar ersetzt hat, die ich bei der Wette verloren habe.«

»Aber du hast die zehn Dollar doch nie bezahlt«, warf ich ein.

»Stimmt«, antwortete Griswold. »Aber das haben die anderen ja nicht gewußt.« Damit schlief er wieder sanft ein.

2.
Die Telefonnummer

»Ich bin jetzt eine Aktiengesellschaft«, erklärte Jennings mit zweifelhaftem Stolz. »Konkret bedeutet das, daß ich als Unternehmer unter einer Nummer registriert bin, die ich mir zusätzlich zu meiner Sozialversicherung, meiner Telefonnummer, unserer Postleitzahl und meinem Autokennzeichen auch noch merken muß.«

»Abgesehen von deiner Adresse und der Zahlenkombination jedes Kombinationsschlosses, das du besitzt«, ergänzte Baranov mit noch düsterer Miene. »Ganz zu schweigen von den Geburts- und anderen Jahrestagen deiner sämtlichen Verwandten und Freunde. Wir sind Gefangene einer Nummerngesellschaft.«

»Und aus diesem Grund brauchen wir die Computererfassung des Bürgers«, warf ich ein. »Man füttert sämtliche Nummern und Zahlen in den Computer, und er kann sich dann damit herumschlagen.«

Bei dieser Bemerkung kam Bewegung in Griswold. Sein Stuhl knarrte empört, als er sich vorbeugte, in seinen weißen Schnurrbart blies und uns verächtlich anstarrte.

»Ich habe kein gutes Zahlengedächtnis«, begann er. »Aber ich kannte einen Mann, der hat nie auch nur eine Zahl vergessen.«

Griswold hielt inne, um einen Schluck aus seinem Glas Scotch mit Soda zu trinken, das er stets in der Hand zu halten schien, aber es bestand kaum Gefahr, daß wir Griswolds Geschichte diesmal entgehen würden. Er hat eine Art, einen aus blutunterlaufenen Augen anzusehen, die offenbar eine lähmende Wirkung auf das Sprachzentrum ausübt.

Der Mann hieß Bulmerson – erzählte Griswold – und wir waren damals zusammen in einem kleinen Zimmer im Pentagon eingepfercht, von dessen Existenz außer mir, Bulmerson und zwei oder drei weiteren Personen, die mit uns zusammenarbeiteten, niemand etwas wußte.

Das Zimmer glich einem schäbigen Abstellraum, und die Aufschrift des Schildes an der Tür hatte nichts mit dem zu tun, was dahinter wirklich vor sich ging. Ich bezweifle, daß es überhaupt außerhalb unseres kleinen Teams mehr als fünf Personen gab, die über unsere Arbeit informiert waren, und das galt auch für die obersten Ränge in der Hierarchie des Pentagon.

Ich weiß noch, daß einmal ein Admiral auf der Suche nach einer Herrentoilette bei uns hereinplatzte und sich mißtrauisch nach den Urinbecken umsah, als hätten wir sie irgendwo im Schrank versteckt. Wir mußten ihn sanft aber bestimmt wieder hinauskomplimentieren.

Was wir machten, hatte natürlich mit Geheimdienstarbeit zu tun. Keine James-Bond-Heldentaten, meine Freunde. Unsere Arbeit war bei weitem langweiliger und bei weitem wichtiger. Es ging darum, Informationen auszuwerten und zu entscheiden, ob sie zuverlässig waren, festzustellen, inwiefern eine Nachricht die andere ergänzte, und abzuschätzen, ob jemand, der ›ja‹ sagte, in Wirklichkeit ›nein‹ meinte und umgekehrt.

Hatten wir getan, was wir tun mußten, lag es an uns, den Präsidenten oder das Außenministerium zu benachrichtigen und für das Ergebnis geradezustehen.

Bulmerson war am längsten dabei. Er war ein großer, breitschultriger Mann mit weißem Haar, rotem Gesicht, einem feisten Nacken und üppigen Formen. Seinem Aussehen nach zu schließen hätte er Zigarrenraucher sein müssen, doch er war es nicht.

Er ist der Mann, der nie eine Zahl vergaß. Er kannte die Telefonnummern von Tausenden von Amtsträgern und Zehntausenden anderer Personen und irrte sich nie. Ebenso sicher ging er mit sonstigen Zahlenkombinationen um, aber Telefonnummern waren sein spezielles Hobby. Ich vermute, daß er insgeheim den Ehrgeiz hatte, eines Tages das Telefonbuch durch sein Gehirn zu ersetzen.

Vielleicht war es diese Begabung, die ihm auch eine Art sechsten Sinn dafür verlieh herauszuhören, wann ein ausländischer Staatsmann jede Vorsicht außer acht ließ und ausnahmsweise einmal die Wahrheit sagte. Wer weiß, wie seltene Begabungen zusammenwirken können? Vielleicht war es sein Sinn für Zahlen, der ihm dieses unfehlbare Gespür für die Wahrheit verlieh. Jedenfalls war er sehr geschätzt, unser Bulmerson.

Auf unserem Schreibtisch landeten alle möglichen Informationen. Jeder anonyme Telefontip wurde an uns weitergegeben. Manchmal steckten harmlose Irre dahinter, gelegentlich jedoch auch feindliche Agenten, die versuchten, uns absichtlich irrezuführen. Unsere Aufgabe war es, den Weizen von der Spreu zu trennen.

Wir hatten damals einen Informanten, der auf seine Art ebenfalls unfehlbar war. Er hatte uns ausfindig gemacht, was schon beeindruckend genug war. Der Mann hatte uns direkt angerufen, und wir kamen nie dahinter, wie er unsere Nummer herausgekriegt hatte. Jedenfalls hatte er immer recht.

Allerdings erfuhren wir nie, um wen es sich bei diesem Informanten handelte. Er hatte eine sanfte, heisere Stimme mit einem kaum identifizierbaren unamerikanischen Akzent. Wir sprachen über ihn nur unter der Bezeichnung »unser Mann«. Hätte das alles zehn Jahre später stattgefunden, hätten wir ihn sicher den »Mann mit der rauhen Kehle« genannt, aber wir befanden uns damals eben zu Beginn der sechziger Jahre.

Wir versuchten nie, ihn ausfindig zu machen oder ihn zu enttarnen, denn wir fürchteten, ihn dadurch zu verlieren, und das wollten wir unter allen Umständen vermeiden. Er war praktisch unser geheimer Draht zum Kreml. Nach 1965 hörten wir nie wieder von ihm. Vielleicht hatte man ihn in ein anderes Land geschickt oder er war gestorben – möglicherweise sogar eines natürlichen Todes.

Wenn er anrief, dann hielt er stets einen ganz speziellen Ritus ein. Zuerst meldete sich telefonisch eine andere Person und übermittelte uns eine Telefonnummer und den Zeitpunkt, an dem wir anrufen sollten. Wenn wir diese Nummer zur vereinbarten Zeit wählten, erreichten wir »unseren Mann«. Um uns eindeutig zu identifizieren, benutzten wir ein Codewort. Anschließend redete er ein bis zwei Minuten und legte wieder auf. Wir richteten uns in unseren Aktionen stets nach seinen Informationen und mußten es nie bereuen.

Die Telefonnummern, die wir erhielten, bezeichneten stets öffentliche Telefonzellen, soweit haben wir die Angelegenheit überprüft, aber wir kamen nie dahinter, nach welchem System er sie auswählte, denn er benutzte eine Zelle nie ein zweites Mal. Auch der erste Anruf, der den Kontakt jeweils einleitete, kam immer von einer anderen, uns unbekannten Person, die er nach unergründlichen Gesichtspunkten aussuchte. Vielleicht engagierte er irgendeinen Wermutbruder für eine Flasche Schnaps. Am Telefon kann man Alkoholfahnen ja bekanntlich nicht riechen.

Bulmerson genoß sichtlich, wenn er derjenige war, der den ersten Anruf entgegennehmen konnte. Wir anderen mußten nämlich die Telefonnummer hastig notieren und den Anrufer manchmal sogar bitten, seine Angaben zu wiederholen.

In letzteren Fällen war Bulmerson den Rest des Tages ungenießbar und machte ständig anzügliche Bemerkungen über unsere frühzeitige Verkalkung. In dieser Beziehung konnte er ausgesprochen kindisch sein.

Nahm er den wichtigen Anruf entgegen, dann hörte er lediglich aufmerksam zu und legte wortlos wieder auf. Zu dem ihm mitgeteilten Zeitpunkt wählte er, ohne eine einzige Notiz gemacht zu haben, die betreffende Nummer. Sein phänomenales Zahlengedächtnis ließ ihn dabei nie im Stich.

Es passierte genau zwei Monate vor der Ermordung von Präsident Kennedy . . .

Ich war zusammen mit Bulmerson und zwei weiteren Mitarbeitern im Büro. Bulmerson sah nicht besonders wohl aus. An die Namen der anderen erinnere ich mich nicht. Nennen wir sie einfach Smith und Jones.

Es war ein schwüler, bewölkter und düsterer Tag, der wohl die herbstliche Tagundnachtgleiche anzeigte, die das Ende des Sommers einleitete.

Bulmerson war ärgerlich, weil das Sandwich, das er zum Mittagessen verzehrt hatte, offenbar Sodbrennen ausgelöst hatte. In Anbetracht der Probleme, die wir gerade in Vietnam hatten, kam mir das keinesfalls ungewöhnlich vor.

Ngo Dinh Diem regierte Südvietnam nach Vorstellungen, die uns nicht recht paßten. Er wurde zunehmend unpopulärer, und buddhistische Mönche verbrannten sich öffentlich aus Protest gegen diese Regierungspolitik. Da nichts Vergleichbares in Nordvietnam vorkam, standen wir mit unseren Partnern plötzlich vor aller Welt wie die Bösewichte da. Ein Rückzug aus Vietnam war unmöglich. Es hätte ausgesehen, als ließen wir einen Verbündeten im Stich. Wäre es zu diesem Schritt gekommen, hätte vor allem die Demokratische Partei der USA das Gesicht verloren. Aber diese Geschichte kennt ihr ja . . .

Was wir brauchten, war ein sauberer Abgang ohne Blutvergießen – also einen schnellen, einen besonders schnellen Sieg. Was dann nach uns passiert wäre, hätte uns nicht mehr unmittelbar tangiert. Das Dumme war nur, daß sich uns diese Möglichkeit nicht bot.

An jenem Tag, von dem ich erzählen will, klingelte bei uns das Telefon. Bulmerson nahm stirnrunzelnd den Hörer ab.

»Adamsons fünf und zehn«, meldete er sich mit der Tageslosung.

Bulmerson hörte mit ausdrucksloser Miene zu und legte schweigend wieder auf.

Schließlich sagte er etwas atemlos zu uns: »Unser Mann will ein Gespräch. Und zwar in genau dreißig Minuten, zwischen zwei Uhr dreißig und zwei Uhr fünfunddreißig. Es ist D1.«

D1 bedeutete bei unserem Mann »Dringlichkeitsstufe 1«. Das letzte Mal hatte er diesen Ausdruck im Vorjahr während der Kubakrise benutzt. Für uns hatte es bedeutet, daß wir, überzeugt, daß wir siegen würden, uns auf die Sache eingelassen hatten, was ausgesprochen beruhigend war. Aber das ist eine andere Geschichte.

»Vergiß bloß die Telefonnummer nicht«, mahnte ich Bulmerson.

Bulmerson verzog das schweißglänzende Gesicht zu einem verächtlichen Grinsen. »Machst du Witze? Diesmal ist die Nummer so simpel, daß es überhaupt keinen Spaß macht, sie zu behalten. Sogar du könntest sie dir merken. Wenigstens am heutigen Tag. Wenn ich sie dir sage, ist dir sofort klar, weshalb. Sie lautet 9 . . .«

Zu mehr kam er nicht mehr. Mit einem unterdrückten Stöhnen griff er sich an die Brust und sank zu Boden, wo er nach einigen Zuckungen leblos liegenblieb. Das vermeintliche Sodbrennen entpuppte sich als Herzinfarkt . . . und zwar als einer von der schweren Sorte.

Uns blieb nichts anderes übrig, als den Notarzt zu rufen.

Eines mußte man dem Pentagon lassen: Innerhalb von fünf Minuten war Hilfe da. Die Sanitäter machten eine Weile Wiederbelebungsversuche und trugen Bulmerson dann auf einer Bahre fort. Geholfen hat das allerdings wenig. Der arme Mann starb noch am selben Abend im Krankenhaus.

Wir blieben entsetzt zurück. Nach einem solchen Vorfall erholt man sich nur schwer.

Schließlich zupfte Smith mich an der Schulter. Er war kreidebleich. »Bulmerson konnte uns die Telefonnummer nicht mehr sagen«, brachte er mühsam heraus.

Wir mußten an unseren Job denken. Dieses Geschäft läßt private Gefühle nicht zu.

Ich warf einen Blick auf die Uhr. Es war zwei Uhr und einunddreißig Minuten. Wir hatten also noch genau vier Minuten Zeit. »Mach dir deshalb keine Sorgen«, beruhigte ich Smith. »Er hat uns genug gesagt.«

Ich wählte die Nummer, und unser Mann meldete sich. Was er uns zu sagen hatte, war genau das, was wir hören wollten. Es gab eine Möglichkeit, die Volksrepublik China hübsch in die Enge zu treiben. Bis es so weit war, würde zwar einige Zeit vergehen, doch wenn wir es geschickt anstellten, hatten wir die Nordvietnamesen mattgesetzt und gleichzeitig einen perfekten Vorwand, es einen Sieg zu nennen und uns aus Südvietnam zurückzuziehen.

Das gute Ende schien greifbar nahe, aber dann lief einiges schief. Am 1. November wurde Diem bei einem Staatsstreich getötet, und am 22. November fiel John F. Kennedy einem Attentat zum Opfer. Bis unsere Regierung wieder funktionsfähig war, war die Chance verpaßt, und wir saßen endgültig in Vietnam. Johnson war gezwungen, unser Engagement noch zu eskalieren, und am Ende – na, das kennt ihr ja.

Da ich annehme, daß ihr erraten habt, wie die Telefonnummer lautete, ist das auch das Ende der Geschichte.

Als Griswold die Augen zumachte, fielen wir zu dritt über ihn her. »Wie lautet die Telefonnummer, und wieso hast du sie gewußt?« verschaffte sich schließlich Baranov Gehör.

Griswold zog die weißen Augenbrauen hoch. »Aber das weiß doch wirklich jedes Kind. Bulmerson hatte behauptet, die Nummer sei einfach zu merken und war gerade noch dazu gekommen, die erste Zahl auszusprechen. Diese lautete 9. Das wiederum bedeutete, daß die Zahl entweder 999-9999 oder 987-6543 hieß, denn mehr traute Bulmerson unserem Gedächtnis wohl nicht zu. Aber Bulmerson hatte die Bemerkung hinzugefügt, ich könne mir die Nummer wenigstens ›am heutigen Tag‹ merken. Der Tag mußte also irgendwie damit zusammenhängen. Und was sollte einen Tag in Verbindung mit einer Telefonnummer schon so besonders machen, wenn nicht sein Datum?

Ich habe euch ja bereits gesagt, daß die Sache zwei Monate vor Kennedys Ermordung am 22. November, also am 22. September passiert ist. Dieses Datum können wir im englischen entweder 22/9 oder 9/22 schreiben. Da Bulmerson als erste Zahl neun genannt hatte, nehmen wir die zweite Schreibweise und lassen den Schrägstrich weg. Wenn ihr euch an die Jahreszahl des Kennedy-Attentats erinnert, dann wißt ihr jetzt auch, wie die Telefonnummer lautete: 922–1963. Und die habe ich gewählt.«

3.

Der Ring der Verschwiegenen

»Ich habe mich schon von jeher gefragt, weshalb man im Krieg nicht einfach die Führungspersönlichkeiten des Gegners ausschaltet«, bemerkte Baranov eines Abends im Union Club. »Weshalb kämpfen wir gegen Armeen, anstatt gegen den Mann, der sie motiviert und anführt. Wären Napoleon, Lenin, Hitler – oder sogar Washington – schon zu Beginn der Kriege gefallen ...«

»Vermutlich ist daran teilweise das Sicherheitssystem des jeweiligen Staates und teilweise der Geheimbund der Mächtigen daran schuld«, entgegnete Jennings. »Wenn der Chef der Regierung A befiehlt, den Chef der Regierung B umzubringen, dann muß er doch damit rechnen, daß ihm dasselbe passiert, oder?«

»Das ist viel zu romantisch gedacht«, warf ich ein. »Ich glaube, daß sobald ein Regierungschef ausgeschaltet ist, sofort ein anderer seine Stelle einnimmt, der vielleicht sogar noch tüchtiger ist. Philipp von Mazedonien wurde ermordet, bevor er in Persien einfallen konnte, aber wer ist ihm auf den Thron gefolgt? Sein Sohn, der zufällig Alexander der Große wurde.«

Griswold hielt – wie immer mit dem Glas Scotch in der Hand – ein Nickerchen in seinem Sessel, ohne daß ihm jedoch auch nur ein Wort unserer Unterhaltung entgangen wäre. Er öffnete ein Auge und sagte: »Manchmal kennt man die Anführer auch gar nicht. Was soll man denn dann tun?« Er schlug auch das andere Auge auf und starrte uns unter seinen buschigen Brauen an.

George Plumb – begann Griswold – war ein Strafrechtler, der in bezug auf den Strafvollzug eine interessante Theorie vertrat. Er behauptete, in Amerika ließe man sich bei der Führung von Gefängnissen von zwei extremen Ansichten leiten.

Sehr viele Amerikaner sind der Meinung, der Strafvollzug sollte human sein und im Hinblick auf eine spätere Rehabilitierung der Strafgefangenen durchgeführt werden. Andere wiederum vertreten die Ansicht, Strafgefangene seien hinter Gittern, um bestraft zu werden, und daß der Freiheitsentzug an sich nicht schon Strafe genug sei.

In der Praxis hat dieser Konflikt zu einem faulen Kompromiß geführt. Die Strafgefangenen werden also im allgemeinen nicht gut genug behandelt, um ihnen den Haß gegen die Gesellschaft zu nehmen, und andererseits wiederum nicht so schlecht, daß Hunger und körperliche Züchtigung auf die Dauer ihren Willen und Widerstand brechen könnten. Das Ergebnis sind, wie wir wissen, häufige Gefängnisrevolten.

Mein Freund Plumb behauptete in diesem Zusammenhang, Meutereien seien nie vorhersehbar. Das Elend und die Grausamkeiten, denen Strafgefangene ausgesetzt sind, seien kein Maß für gewalttätige Reaktionen. Bei Untersuchungen hat man festgestellt, daß Revolten nicht in einem bestimmten Stadium ausbrechen. Es gibt Gefängnisse, in denen unmenschliche Bedingungen unter gelegentlichem Murren geduldet werden, während anderswo, bei wesentlich besseren Verhältnissen, plötzlich eine gefährliche Revolte ausbricht.

Plumb vertrat die Ansicht, daß es eine Frage der Führerschaft unter den Gefangenen sei. Gibt es in einer Haftanstalt einen intelligenten Insassen, der auch genügend charismatische Ausstrahlung besitzt, ist dieser in der Lage, Strategie und Taktik einer Revolte zu bestimmen und ganz gezielt eine Meuterei vom Zaun zu brechen, wo es unter normalen Umständen nie dazu kommen würde.

Aus diesem Grund riet Plumb den Gefängnisleitungen, einen möglichen Anführer, also einen Mann, der von den übrigen Strafgefangenen gleichermaßen respektiert, bewundert oder gefürchtet wird, erkennen zu lernen und diesen dann in eine andere Haftanstalt zu verlegen, solange die Lage noch ruhig war. Ohne Anführer würden die Strafgefangenen im alten Gefängnis vorerst keine Revolte wagen, und da der verlegte Häftling in seinem neuen Gefängnis erst einmal unbekannt sei, dürfte es dort einige Zeit dauern, bis man ihn als Anführer akzeptiert.

Die von Plumb empfohlene Strategie wurde in zahlreichen Fällen angewandt, und sobald die Verlegung der betreffenden Person in eine andere Strafanstalt mit einer Verbesserung der Haftbedingungen gekoppelt wurde, waren später keine Revolten mehr aufgetreten.

Vor einigen Jahren nun schien sich die Lage in einer Haftanstalt, deren Namen ich nicht nennen will, auf eine Art und Weise zuzuspitzen, daß eine Revolte nicht mehr ausgeschlossen werden konnte. Die Gefängniswärter stellten eine gefährliche Unruhe unter den Insassen fest. Und das war ein deutliches Anzeichen dafür, daß eine Meuterei bevorstand.

Plumb wurde um Hilfe gebeten, und natürlich erkundigte er sich als erstes nach dem Namen des möglichen Anführers.

Zu seinem großen Erstaunen jedoch gestand das gesamte Personal der Haftanstalt, daß man in diesem Punkt völlig im dunklen tappte. Offensichtlich hatte sich keiner der Strafgefangenen als Unruhestifter zu erkennen gegeben.

»Aber es muß ein Anführer existieren«, erklärte Plumb. »Der Mob braucht immer eine starke Persönlichkeit, die ihm die Befehle gibt.«

Plums Bemerkung löste jedoch nur Kopfschütteln aus. Falls sich einer der Häftlinge als Anführer durchgesetzt hatte, dann hatte sich dieser offenbar so geschickt zu tarnen verstanden, daß ihn bisher noch niemand als solchen erkannt hatte.

In dieser schwierigen Situation wandte sich Plumb an mich. Er kannte mich gut genug, um zu wissen, daß ich der einzige war, der ihm noch helfen konnte.

»Griswold«, sagte er zu mir. »Wir haben es mit einem besonders gerissenen Verbrecher zu tun, der es bisher glänzend verstanden hat, seine Fäden im geheimen zu spinnen. Wie soll ich ihn aus mindestens dreitausend Häftlingen herausfinden?«

»Daß das Gefängnispersonal keine Ahnung hat, wer hinter alledem steckt, kann ich mir noch vorstellen, aber wenigstens ein paar Häftlinge müssen eingeweiht sein. Ich kann nur raten, sämtliche Strafgefangenen zu verhören.«

Plumb hatte nur ein verächtliches Lächeln für mich übrig. »Das würde gar nichts nützen. Sie wissen doch ebensogut wie ich, daß Verrat unter Häftlingen verpönt ist. Sie pflegen Verschwiegenheit wie eine Tugend. Sie mögen gemordet, gestohlen und Frauen vergewaltigt haben, aber sie würden nie soweit herabsinken, einen Mitgefangenen zu verpfeifen.

Außerdem müssen die Häftlinge schließlich zwangsweise in Gemeinschaft mit den anderen leben«, fuhr Plumb fort. »Und jeder, von dem bekannt wird, daß er mit den Strafvollzugsbeamten kooperiert hat, oder auch nur in den Verdacht gerät, das getan zu haben, muß mit dem Schlimmsten rechnen.«

»Es kommt eben nur darauf an, daß Sie den Richtigen rauspicken, Plumb«, entgegnete ich. »So, wie es immer einen Anführer gibt, gibt es stets auch den obligaten Außenseiter, der gegen den Strom schwimmt, auch wenn das gefährlich sein sollte.«

»Gefährlich ist in diesem Fall gar kein Ausdruck«, konterte Plumb. »Auf den Außenseiter würde der Verdacht immer zuerst fallen. Selbst wenn wir versprechen, ihn in eine andere Haftanstalt zu verlegen, wird ihm seine Missetat dorthin nachfolgen. Auch wenn wir ihn freilassen, ist er vor der Rache der Mitgefangenen nicht sicher.«

Obwohl ich wußte, daß Plumb damit nicht ganz unrecht hatte, sagte ich: »Trotzdem sollten Sie mal mit dem Gefängnisdirektor reden und ihn fragen, ob es bei ihm einen Häftling mit stark intellektuellen Neigungen gibt, der Gewalt verabscheut, Angst vor seinen Mitgefangenen hat und bald mit seiner Freilassung rechnen kann. Wenn er auch noch zufällig in der Bibliothek arbeitet und sich deshalb den anderen überlegen fühlt, um so besser.«

»Selbst wenn es mir gelingen sollte, einen solchen Mann ausfindig zu machen, kann ich ihn nicht brauchen, Griswold. Spreche ich allein mit ihm, dann wissen seine Mitgefangenen zwar nicht, was er gesagt hat, aber sie würden in jedem Fall den Verdacht haben, daß er umgefallen ist. Die Folge davon wäre, daß sie ihn bis aufs Blut quälen und sollten wir unseren Mann fassen, ihn sogar umbringen würden. Gleichgültig ob dieser Außenseiter uns nun einen Tip gegeben hat oder nicht.«

»Dann dürfen Sie ihn eben nicht allein verhören. Knöpfen Sie sich hundert oder tausend Mann vor und nehmen sie ihn irgendwann in der Mitte dran. Machen Sie ihm klar, daß jeder Gefängnisinsasse verhört wird. Dann hat er vielleicht den Mut, Ihnen einen Tip zu geben.«

Zehn Tage später kam Plumb wieder zu mir. Er sah müde und übernächtigt aus, und seine Stimme klang heiser.

»Wir haben gut die Hälfte aller Häftlinge verhört, uns dabei hauptsächlich auf die Männer mit den langen Haftstrafen und auf die besonders hartgesottenen Burschen konzentriert, und zwischendurch gezielt ein paar ältere und als feige Typen bekannte Häftlinge drangenommen. Kein einziger wollte den Mund aufmachen. Nie zuvor bin ich so viel Ahnungslosigkeit begegnet. Aber offen gestanden hatte ich nichts anderes erwartet. Die Spannungen in der Haftanstalt haben unterdessen übrigens weiter zugenommen. Die Wärter sind zwar auf der Hut, aber ich habe das Gefühl, daß dieser geheimnisvolle Anführer, der gerissen genug ist, sich nicht zu erkennen zu geben, auch schlau genug ist, jede Verteidigungsstrategie der Gefängnisleitung zu knacken. Wir können eben leider nicht alle Häftlinge auf pure Verdachtsmomente hin nackt in ihre Zellen sperren und fünfzig Männer des harten Kerns in Einzelhaft nehmen. Ich sehe die Schlagzeilen über die ›Brutalität im Strafvollzug‹ praktisch schon vor mir . . .« Er schauderte.

»Haben Sie zufällig einen Häftling entdeckt, der dem von mir beschriebenen Typ entsprach?« erkundigte ich mich.

»Ja, das habe ich«, antwortete Plumb. »Ihre Beschreibung paßt sogar ganz exakt auf ihn. Der Mann soll in sechs Monaten entlassen werden, hat sich nie irgendwelcher Gewalttätigkeiten schuldig gemacht, sitzt wegen eines Wirtschaftsvergehens und gehört eigentlich gar nicht in dieses Gefängnis. Er ist gebildet, spricht ein gepflegtes Englisch, arbeitet in der Bibliothek und fühlt sich im Gefängnis und vor allem in der Gesellschaft seiner Mithäftlinge gedemütigt.«

»Und was hat er gesagt, Plumb?«

»Gesagt? Gar nichts, mein Lieber. Und dabei glaube ich nicht, daß er aus Angst geschwiegen hat. Er weiß offenbar wirklich nicht Bescheid. Woher sollte er auch? Er sondert sich, so gut es geht, von den anderen Häftlingen ab und lebt in einer eigenen, kleinen Welt.«

»Ist er intelligent?« fragte ich.

»Oh, ja«, erwiderte Plumb. »Ich würde sogar sagen, sehr intelligent. Er verbringt die meiste Zeit in der Bibliothek und liest.«

»Dann muß er wissen, was vor sich geht.«

»Na, und wenn? Was soll ich tun? Es aus ihm herausprügeln? Heutzutage darf man die Burschen ja nicht mal mehr scharf ansehen.«

»Diesem Mann muß klar sein, daß eine Gefängnisrevolte mit all ihren Gefahren das letzte ist, was er sich in seiner Situation wünschen kann. Deshalb würde er sicher alles tun, um sie zu verhindern. Er muß also versucht haben, Ihnen einen Tip zu geben. Erinnern Sie sich denn wenigstens noch genau, was er im einzelnen gesagt hat?«

»Griswold, wir haben jedes Gespräch protokolliert«, entgegnete Plumb müde. »Aber zufällig ist es ein Kinderspiel, zu wiederholen, was er gesagt hat ... weil er uns praktisch nichts, aber auch gar nichts verraten hat.«

»Hat er nur behauptet, er wisse nichts, oder ist er das ganze Verhör über nur stumm geblieben?«

»Die meiste Zeit hat er geschwiegen«, antwortete Plumb. »Der kleine, schmächtige Mann mit schmalen Lippen und einem spitzen Kinn ist nur mit zusammengepreßten Knien und ineinander verkrampften Händen dagesessen, hat mich aus seinen wässerigen Augen abwesend angesehen und kein Wort gesagt ... das heißt, bis auf den Schluß.«

»Aha. Und was hat er zum Schluß gesagt?« erkundigte ich mich.

»Auf meine resignierte Frage, ob er mir überhaupt zugehört und mich verstanden habe, hat er mich kurz angesehen, gespenstisch gelächelt und geantwortet: ›Nein, das habe ich nicht. Für ... mich ... klang's ... wie ... Griechisch.‹ Seine langsame und betonte Sprechweise war geradezu unverschämt und beleidigend. Ich mußte mich beherrschen, ihm keinen Kinnhaken zu verpassen. Danach habe ich ihn gehen lassen. Was hätte ich sonst schon tun sollen?«

»Sie haben also von sämtlichen Gesprächen Protokolle anfertigen lassen«, stellte ich fest. »Wäre es möglich, daß ihr Inhalt durchsickert? Ich meine, daß die Häftlinge davon erfahren?«

»Eigentlich dürfte das nicht passieren. Aber ...« Plumb zuckte mit den Schultern.

»... aber vermutlich läßt es sich nicht vermeiden«, ergänzte ich. »Alle Achtung! Unser Mann hat es wirklich schlau angestellt. Sobald die anderen den Inhalt der Protokolle erfahren, wird er als toller Kerl und Held dastehen. Keiner merkt nämlich, daß er Ihnen den gewünschten Tip gegeben hat.«

Plumb machte ein erstauntes Gesicht. »Wirklich?«

»Ich vermute es wenigstens. Ganz sicher bin ich im Augenblick natürlich noch nicht. Haben Sie ein Namensverzeichnis sämtlicher Häftlinge?«

Diese Liste bekam ich am darauffolgenden Tag. Es dauerte nicht einmal fünf Minuten, bis ich den Namen des Häftlings gefunden hatte, den wir suchten. Er wurde umgehend in eine andere Haftanstalt verlegt, und es kam nicht zu der befürchteten Revolte. Unser Freund, der Gefängnisbibliothekar wurde sechs Monate später entlassen und seine Vorstrafe aus dem Register gelöscht.

Griswold goß sich Scotch nach. Seine Augenlider wurden schwer.

Baranov beugte sich hastig vor und nahm Griswold das Glas aus der Hand. Griswold schlug die Augen sofort wieder auf. »He, gib mir sofort meinen Scotch zurück!« krächzte er.

»Zuerst will ich wissen, wie du herausgekriegt hast, wer die Gefängnisrevolte anzetteln wollte«, entgegnete Baranov ungerührt.

»Ach, das hast du nicht kapiert?« erkundigte er sich unschuldig. »Wirklich erstaunlich. Der Mann aus der Gefängnisbibliothek hat doch nachdrücklich gesagt: ›Für mich klang's wie Griechisch‹. Und weil er ein belesener Mann war, hat er in diese Worte ein bekanntes Zitat verpackt. Und zwar ein Zitat aus Shakespeares *Julius Cäsar*. Einer der Verschwörer berichtet den anderen von einer politischen Versammlung, auf der Cicero eine Rede in Griechisch gehalten hatte. Als man ihn fragt, was Cicero gesagt hat, antwortet er: ›Die, die ihn verstanden, lächelten einander zu und schüttelten die Köpfe. Doch was mich anlangt, mir war es *Griechisch*.‹«

»Na, und?« fragte Jennings.

»Der Verschwörer, der diese Worte in Shakespeares Tragödie spricht, heißt Casca. Als ich das erkannt habe, kam mir der Gedanke, einer der Gefängnisinsassen könne einen ähnlich lautenden Namen haben. Deshalb hoffte ich, im Namensverzeichnis einen Casca oder Cicero zu finden. In Plumbs Liste stand schließlich ein Benny W. Kasker, der, wie meine Fragen ergaben, intelligent und skrupellos war und eine lebenslange Haftstrafe zu verbüßen hatte. Ich nahm an, daß er der Gesuchte war, und hatte recht.«

4.

Im Visier

In unserer Zeit spricht man wohl überall über den Terrorismus – sogar in den heiligen Hallen des Union Club. Es überraschte daher niemanden, als Jennings fünf emotionsgeladene Minuten lang über die Gefahren vom Leder zog, denen wir alle ausgesetzt waren, weil Terroranschläge nie nach einem berechenbaren System durchgeführt wurden.

Als Jennings schließlich die Luft ausgegangen war, meldete sich Baranov zu Wort. »Nun mal sachte, alter Junge. Der Blitz schlägt nur in die hohen Türme, wie man so sagt. Keiner von uns ist eine so wichtige Persönlichkeit, um für diese Leute interessant zu sein.«

»Manchmal trifft es auch ganz unschuldige Opfer«, warf ich ein. »Das hat Jennings vermutlich gemeint.«

Baranov schnaubte verächtlich. »Ein Autounfall kann jedem passieren. Trotzdem regt sich deshalb niemand auf. Man tut eben sein Bestes, um zu überleben.«

In diesem Moment kam Bewegung in Griswold. Ein erstes Anzeichen war das Klirren der Eiswürfel in seinem Glas Scotch mit Soda. Als nächstes schlug er ein Auge auf und blies durch seinen prächtigen weißen Schnurrbart.

»Es mag schon sein, daß der Blitz nur in die hohen Türme schlägt...« Es verwunderte uns immer wieder, wie genau er jedes unserer Worte verfolgte, auch wenn er tief zu schlafen schien. »... Und ihr drei seid deshalb verhältnismäßig sicher. Aber ich bin vor einigen Jahren Ziel einer terroristischen Drohung gewesen. Es war genaugenommen 1969...«

»Ich glaube, es gibt heute gedünsteten Lachs zum Abendessen«, warf ich hastig ein, doch Griswold hatte mittlerweile beide Augen geöffnet, deren eisblaue Pupillen uns magisch in unseren Sesseln hielten.

Es war 1969 – begann Griswold – in jenem schwarzen Jahr für prominente Amerikaner. Robert Kennedy und Martin Luther King waren vor gar nicht langer Zeit auf offener

Straße erschossen worden, und ich hatte bereits das Gefühl, ich könnte der nächste sein. Ich hatte damals mit Dingen zu tun, über die ich selbst heute noch nicht sprechen darf. Aber welche Geheimhaltung funktioniert schon perfekt? Und ich hatte mir Feinde gemacht.

Zu der allgemein gespannten Lage kam noch die Unruhe an den amerikanischen Universitäten hinzu. In Anbetracht dessen mußte eigentlich jedem klar sein, daß der Topf eines Tages überkochen würde. Ausgerechnet im Mai jenes Jahres sollte ich von einer Universität in Connecticut - den Namen habe ich vergessen - die Ehrendoktorwürde verliehen bekommen.

Zwei Tage vor der feierlichen Veranstaltung erhielt der Präsident dieser Universität einen anonymen Brief, in dem er kategorisch aufgefordert wurde, mir die Ehrendoktorwürde aufgrund meiner undurchsichtigen Rolle im Vietnamkrieg nicht zu verleihen. Falls die Veranstaltung nicht abgesagt, und ich trotz aller Warnungen dort erscheinen würde, würde man mich umbringen. Im Brief hieß es wörtlich: »Falls dieses Ungeheuer bei der feierlichen Verleihung seinen großen Auftritt bekommt, kann mich nichts und niemand davon abhalten, ihn aufs Korn zu nehmen und abzudrücken.«

Am Ende des Briefes versicherte der anonyme Verfasser dem Präsidenten, daß außer mir niemand zu Schaden kommen würde, was für mich kaum tröstlich war.

Der Präsident behandelte den Brief streng vertraulich, zeigte ihn nur mir und schlug vor, ich solle eine Erkrankung vorschützen, um der gefährlichen Konfrontation mit dem Attentäter aus dem Weg zu gehen. Die Ehrendoktorwürde sollte mir dann in Abwesenheit verliehen und die Urkunde per Post zugeschickt werden.

Mir war sofort klar, daß es der Präsident war, der dieser Konfrontation aus dem Weg gehen wollte, was wiederum den Don Quichotte in mir weckte. Falls er den Feigling mimen wollte, war das seine Sache. Ich dachte gar nicht daran.

Außerdem sah ich nicht ein, weshalb ich auf meinen Teil von Ruhm und Ansehen, so verschwindend gering er auch sein mochte, verzichten sollte. Vor allem hatte ich während des Vietnamkriegs nichts getan, das irgendeine Empörung gerechtfertigt hätte. Meine Mission dort war nur eine Tarnung meiner eigentlichen Aufgaben im Nahen Osten nach dem Sechs-Tage-Krieg gewesen.

Im übrigen glaubte ich nicht, daß der Brief ernst zu nehmen war. Das sagte ich dem Präsidenten auch offen und teilte ihm mit, daß ich mich nicht bluffen lassen wolle.

»Bluff?« fragte er nervös. »Sie halten das für einen Bluff? Wie kommen Sie darauf?«

»Weil unser Freund das Attentat angekündigt hat, Sir«, erwiderte ich mit donnernder Stimme. »Oder glauben Sie, Lee Harvey Oswald oder Sirhan Sirhan hätten ihren Opfern zur Warnung nette Briefchen geschickt? Der Absender dieses Wischs möchte lediglich die feierliche Veranstaltung stören und mich demütigen. Da mache ich nicht mit.«

Der Präsident schüttelte den Kopf. »Aber wir können die Sache doch nicht einfach als üblen Scherz abtun. Wenn wir den Brief einfach ignorieren, keine Vorsichtsmaßnahmen treffen und Sie dann erschossen werden ... Nicht auszudenken, was passiert, falls danach die Existenz dieses Briefes bekannt wird. Meine Position ...«

»... wäre in diesem Fall wesentlich angenehmer als meine«, unterbrach ich ihn ironisch. »Weshalb wollen Sie es also nicht riskieren, wenn ich dazu bereit bin?«

»Weil ich nicht nur für mich, sondern für die Universität Verantwortung trage, mein lieber Griswold«, entgegnete der Präsident. »Vielleicht ist dieser Brief nur in einer momentanen Wut geschrieben worden. Wenn wir ihn jetzt allerdings ignorieren, fühlt sich der Absender möglicherweise ähnlich wie Sie in seinem Stolz gekränkt und macht tatsächlich den Versuch, Sie umzubringen – auch wenn er das eigentlich gar nicht vorhatte.«

Ich überdachte kurz die Situation und glaubte sie zu durchblicken; ich war mir jedoch bewußt, daß ich mich täuschen konnte. »Also gut«, sagte ich schließlich. »Treffen Sie die nötigen Vorsichtsmaßnahmen.«

»Aber mein lieber Griswold«, erwiderte der Präsident. »Das dürfte kaum genügen. Vorsichtsmaßnahmen stören die Universitätsfeierlichkeiten doch genauso. Ich müßte überall auf dem Gelände Wachmänner aufstellen, meine sämtlichen

Studenten samt Eltern und Freunden nach versteckten Waffen durchsuchen lassen. Damit wäre der Ablauf der Feier auf Stunden hinausgezögert. Es wäre besser . . .«

»Unsinn«, fiel ich ihm ins Wort. »An der Hälfte aller unserer Universitäten werden in diesem Jahr die Prüfungsfeierlichkeiten nicht störungsfrei ablaufen. Das Publikum wird die Anwesenheit von Wachmännern sicher als angemessene Vorsichtsmaßnahme hinnehmen, die einem dazu noch einen willkommenen Nervenkitzel verschafft. Wenn Sie wirklich glauben, jemand könne ein Präzisionsgewehr mit Zielfernrohr aufs Universitätsgelände schmuggeln, dann ist Ihre Aufgabe verhältnismäßig einfach. Eine derartige Waffe läßt sich nämlich kaum verstecken. Die Wachmänner brauchen nur auf lange Schachteln, verdächtige Spazierstöcke, Krücken, Angelruten oder sämtliche längliche, schmale Gegenstände zu achten. Da es laut Wetterbericht am Sonntag schön und heiß werden soll, und sich jeder, der einen Mantel oder Ähnliches trägt, verdächtig machen würde, muß die Waffe in irgendeiner Hülle mitgebracht werden.«

»Die Examensklasse hat traditionsgemäß lange schwarze Talare an . . .«

»Aber die jungen Leute gehen einer hinter dem anderen in einer langen Reihe, und wer ein Gewehr unter dem Talar trägt, müßte durch einen steifen Gang auffallen«, entgegnete ich. »Dasselbe gilt natürlich für den Lehrkörper und uns beide. Im übrigen sollten Sie die Instrumentenkästen des Orchesters überprüfen, um sicher zu sein, daß sie nur Musikinstrumente enthalten.«

Kurz gesagt, ich habe ihn abgelenkt und beschäftigt. Keinen Augenblick lang habe ich den Verdacht gehabt, jemand könnte versuchen, ein Gewehr auf das Universitätsgelände zu schmuggeln, um damit auf mich zu schießen. Ich glaubte zu wissen, womit ich rechnen mußte. Trotzdem hielt ich es für angebracht, den Präsidenten mit routinemäßigen Vorsichtsmaßnahmen zu beschäftigen. Das sollte als nützliche Ablenkung dienen. Außerdem mußte ich, wie gesagt, damit rechnen, daß ich mich täuschte.

Zwei Tage später betrat ich am Ende der langen Schlange von Studenten und Professoren an der Seite des Präsidenten den Hof der Universität. Es war, wie vorausgesehen, ein heißer strahlender Sommertag. Die Studenten hatten in ihren schwarzen Talaren und mit den dunklen Mützen auf den Köpfen vor ihren Sitzen Aufstellung genommen. In den dicht besetzten Reihen der Zuschauer waren nur glückliche Menschen zu erkennen, deren bunte Kleidung ein farbenfrohes Muster ergab. Das Geviert der Zuschauer war von Hunderten von Amateurfotografen umlagert, die darauf warteten, die hoffnungsvollen Universitätsabsolventen im Augenblick der Übergabe der Diplome oder beim feierlichen Abzug vom Podium zu fotografieren. Offenbar angelockt von meiner beeindruckenden Erscheinung knipsten einige sogar mich.

Es war kaum zu übersehen, daß der Präsident einen ungewöhnlich großen Abstand zu mir hielt. Offenbar rechnete er mit einem Schuß aus dem Hinterhalt und wollte vermeiden, eines jener häufigen zufällig am Tatort anwesenden unschuldigen Opfer zu werden.

Vom Podium aus schweifte mein Blick über die Zuschauer. Mehr denn je war ich in diesem Moment davon überzeugt, daß der Attentäter nicht aus den Reihen der Zuschauer auf mich schießen würde, daß es ihm nicht gelingen würde, mich unbemerkt von dort »aufs Korn zu nehmen«, wie er es in seinem Brief angekündigt hatte. Sollte er die Absicht haben, mit einem Gewehr auf mich anzulegen, dann mußte er das von einem ungestörten Ort aus tun, wo er in Ruhe zielen konnte . . . Oswald hatte das beim Attentat auf Kennedy schließlich perfekt vorexerziert.

Ich sah mich nach einem geeigneten Fenster um, konnte jedoch keines entdecken. Das Podium war auf der Rückseite ganz, und an den Seiten zumindest teilweise abgeschirmt, und vor uns befanden sich nur die Zuschauer, deren Reihen bis zum Zaun des Sportplatzes reichten; dahinter erstreckte sich nichts als strahlend blauer Himmel.

Im Vordergrund erkannte ich Festordner, Fotografen und Reporter. Letztere hatten eine gewisse Hektik in die Szene gebracht. Das allerdings konnte mir nur recht sein. Unter den Fotografen befand sich nämlich einer meiner Leute, der genau wußte, worauf er achten mußte, und den ich, unbemerkt von allen anderen, eingeschmuggelt hatte. Irgendwo mußten inzwischen in der Umgebung der Zuschauerreihen auch die Wachmänner des Präsidenten Aufstellung genommen haben, die wiederum ich nicht kannte.

Der Präsident hielt eine Rede, der Universitätsgeistliche bat um den Segen Gottes, einer der Studenten verlas verlegen eine kurze Ansprache, dann erhob ich mich von meinem Platz, während der Präsident in einer Laudatio die Verleihung der Ehrendoktorwürde an meine Person rechtfertigte. Nachdem der formelle Teil vorüber war, bekam ich eine Mütze aufgestülpt. Alle anderen traten zurück. Ich stand plötzlich allein auf dem vorderen Teil des Podiums, wo ich meine zwanzigminütige Dankesrede halten sollte.

Das waren die entscheidenden Minuten. Hatte der mögliche Attentäter tatsächlich die Absicht, mich umzubringen, dann mußte er es jetzt tun, falls er ein ehrliches Interesse daran hatte, außer mir niemanden zu verletzen. Ich stand allein – oder so gut wie allein – vor dem Publikum, denn die anderen hatten sich hinter mir auf ihre Plätze gesetzt. Wenn eine für meinen Kopf bestimmte Kugel mich verfehlte, dann konnte sie auf diese Weise niemanden anderen treffen.

Ich konnte jetzt nur noch auf einen Fehlschuß hoffen – oder noch besser: daß er an der Ausführung seines Plans gehindert wurde.

Vor mir lag das Manuskript meiner Rede, doch ich würde improvisieren müssen, um während der Ansprache das Publikum keinen Moment aus den Augen zu verlieren. Das allerdings war problematisch. Auf diese Entfernung war es praktisch unmöglich, die entscheidende Bewegung des Attentäters zu erkennen. Sobald ich nämlich das Geräusch eines Schusses hörte, war es bereits zu spät.

Diesen Teil mußte ich folglich den Wachmännern überlassen. Ich dagegen nahm mir vor, mich auf das zu konzentrieren, was sich unmittelbar vor mir abspielte. Ansonsten vertraute ich auf meinen Freund, den ich seitlich vor mir entdeckte. Zwei Augenpaare sahen besser als eines.

»Nehmen wir es als eine dankenswerte Erscheinung, meine Damen und Herren«, begann ich in bestechend flüssigem Stil, »daß die Welt von heute nicht satte Bequemlichkeit von uns fordert, sondern daß diese konfliktreiche Zeit uns vor schwere Aufgaben stellt, die . . .«

Bei den Worten »konfliktreiche Zeit« entdeckte ich den Attentäter, und mein Freund im Publikum tat es ebenfalls. Ich konnte auf das verabredete Zeichen verzichten, denn er handelte sofort.

Der Attentäter wurde so geschickt und unauffällig an seinem Vorhaben gehindert und abgeführt, daß wohl nicht einmal der Präsident etwas davon bemerkt haben dürfte. Ich beendete meine Rede gelassen, selbstbewußt und mit der inneren Befriedigung, mir der Bewunderung des Präsidenten angesichts meiner Selbstbeherrschung im Augenblick höchster Gefahr sicher sein zu dürfen. Erst später erfuhr er natürlich, daß zu diesem Zeitpunkt die Gefahr bereits abgewendet worden war.

Bis dahin mußte ich jedoch auf dem Podium sitzen bleiben und die dann folgende endlose Prozedur der Überreichung der Diplome über mich ergehen lassen. Es war alles furchtbar langweilig – sehr . . .

Griswolds Glas war zu diesem Zeitpunkt leer, so daß wir diesmal keine Gewissensbisse hatten, ihn wachzurütteln.

»Wie zum Teufel hast du den Schützen entdeckt?« wollte ich ärgerlich wissen. »Wo war er denn? Und wie konnte er unbemerkt das Gewehr auf das Universitätsgelände schmuggeln? Wodurch hat er sich verraten?«

Griswold schien Mühe zu haben, sich auf die Fragen zu konzentrieren. Schließlich murmelte er: »Was für ein Gewehr? Ich habe euch doch deutlich genug zu verstehen gegeben, daß ein Gewehr als Tatwaffe gar nicht in Frage kam. Ich habe von Anfang an nicht erwartet, daß ein Gewehr auf mich gerichtet würde. Dieser Möchte-Gern-Attentäter sprach in seinem Brief davon ›mich aufs Korn zu nehmen und abzudrücken‹. In unserer Sprache kann sich diese Ausdrucksweise sowohl auf eine Schußwaffe als auch auf einen Fotoapparat beziehen, und auf einer Examensfeier sieht man stets Hunderte von Kameras. Jeder bringt seine Fotoausrüstung mit. Aus diesem Grund habe ich die Personen in der Reihe direkt vor mir aufmerksam beobachtet. Als schließlich ein Mann die Kamera hob und auf mich richtete, der zuvor noch kein einziges Bild gemacht hatte, hat mein Freund dies sofort gemerkt und ihn sich geschnappt.«

»Soll das heißen, daß er dich bloß fotografieren wollte?« fragte Jennings verwundert.

»Nein, nicht ganz«, antwortete Griswold. »Hätte er die Chance gehabt, auf den Auslöser zu drücken, wäre ein Giftpfeil auf mich abgeschossen worden. Dieser hätte mich wahrscheinlich verfehlt, aber wenn er getroffen hätte, wäre ich sicher tot gewesen. Der Täter wurde zur Beobachtung in eine Nervenheilanstalt eingewiesen, wo er, soviel ich weiß, noch heute ist . . .«

5.

Der Unwiderstehliche

Baranov seufzte. »Nicht daß ich in meinen Beziehungen zum schwachen Geschlecht erfolglos gewesen wäre, aber ich muß doch gestehen, daß es normalerweise reichlich anstrengend ist, den gewünschten Charme zu versprühen. Und im Endeffekt steht der Aufwand in keinem Verhältnis zum Resultat.«

Die hehren Hallen des Union Club waren vermutlich nur selten Zeugen amouröser Erinnerungen, und ich wußte nicht recht, ob ich ausgerechnet die von Baranov hören wollte. »Charme muß ja nicht immer anstrengend sein. Es gibt Leute, für die ist ein charmantes Auftreten wie eine zweite Haut«, plusterte ich mich ein wenig auf.

»Ich hatte einige Male Gelegenheit, dich in Aktion zu sehen«, warf Jenning hinterhältigerweise ein. »Die Damenwelt ist meist scharenweise vor dir geflohen. Ich an deiner Stelle würde es mal mit 'ner anderen Methode versuchen.«

In diesem Augenblick kam aus den Tiefen eines Sessels, aus dem noch bis vor kurzem, wie ich beschwören könnte, nur regelmäßiges Schnarchen gedrungen war, Griswolds Stimme. »Ich habe einen Mann gekannt, den Frauen einfach unwiderstehlich gefunden haben. Und das lag nicht am

Charme. Er hat sie allein durch seine körperliche Anwesenheit magnetisch angezogen.«

»Glückspilz«, murmelte Baranov.

»Kommt darauf an, was man unter Glück versteht«, entgegnete Griswold. »Eine der Frauen hat ihn umgebracht.«

Den Namen des Herrn oder den Namen der betreffenden Damen verschweige ich lieber – begann Griswold. Vor einigen Jahrzehnten hat die Sache ziemlich viel Staub aufgewirbelt. Inzwischen ist sie allerdings in Vergessenheit geraten, und so soll es auch bleiben. Die Überlebenden und deren Nachkommen haben sicher kein Interesse daran, daß die unerfreuliche Vergangenheit wieder aufgewärmt wird.

Damals hatte mich die Polizei oder vielmehr der Polizeipräsident um Mitwirkung gebeten. Der Polizeipräsident ist ein enger Freund von mir gewesen, der meine besondere Begabung kannte, den Dingen auch dort auf den Grund zu gehen, wo andere längst das Handtuch werfen mußten.

»Griswold«, hatte er zu mir gesagt. »In diesem Fall sind vier Frauen verwickelt. Jede von ihnen könnte die Mörderin sein. Jede hatte ein Motiv, die Mittel und die Gelegenheit, diesen Mord zu begehen. Wir müssen nur noch herausfinden, welche es gewesen ist.«

»Das dürfte für die Polizei nach gründlichen Ermittlungen doch wohl kaum ein Problem sein, oder?« entgegnete ich. »Vor allem bei dieser begrenzten Anzahl von Verdächtigen.«

»Stimmt«, erwiderte der Polizeipräsident. »Aber dazu benötigen wir Zeit und Personal. Beides steht uns im Augenblick nicht in ausreichendem Maße zur Verfügung. Ich bin sicher, daß Sie die vier Frauen lediglich einzeln vernehmen müssen, um die Schuldigen herauszufinden.«

Da ich der Polizei gern behilflich war, erklärte ich mich bereit, mich einen Tag für die Sache verfügbar zu halten. Das war ein großzügiges Opfer, denn ich bin damals ein vielbeschäftiger Mann gewesen.

Die betreffenden vier Frauen sind einfach zu beschreiben, denn eine war schwarzhaarig, die andere brünett, die dritte rothaarig und die vierte blond. Offenbar waren sie nicht die einzigen Frauen im Leben des »Unwiderstehlichen«, doch jede von ihnen hatte ihn im Laufe des Nachmittags und frühen Abends des verhängnisvollen Tages besucht. Der Unwiderstehliche hatte bei diesem Anlaß die Beziehung zu jeder einzelnen von ihnen als beendet erklärt, da er eine neue Flamme hatte und sich deshalb wenigstens vorübergehend von den anderen zurückziehen wollte. Verständlicherweise war jede der vier Frauen darüber sehr aufgebracht.

Eine der Damen muß die Angelegenheit jedoch so sehr aufgewühlt haben, daß sie am späten Abend erneut zum Unwiderstehlichen zurückgekehrt war, vermutlich um mit ihm zu reden und ihn zur Rücknahme seines Entschlusses zu bewegen. Offenbar war der Unwiderstehliche hart geblieben. Jedenfalls muß die Dame in ihrer Verzweiflung nach einem in der Wohnung herumliegenden Küchenmesser gegriffen und es ihm in die Brust gestoßen haben. So wenigstens hatte die Polizei den Fall rekonstruiert.

Fingerabdrücke dienten dabei nicht als Hinweis auf die Person des Täters, da alle vier Frauen in der Wohnung gewesen waren. Zeugen hatten jedoch beobachtet, daß eine Frau am späten Abend zum Apartment des Ermordeten zurückgekehrt war, konnten sie allerdings nicht identifizieren, da man sie nur flüchtig und bei Dunkelheit gesehen hatte.

Keine der Damen besaß für die Tatzeit ein stichhaltiges Alibi. Alle vier waren über die erlittene Abfuhr wütend und erbost gewesen. Es hätte also jede die Mörderin sein können. Die Dame Nummer fünf, die neue Flamme im Leben des Unwiderstehlichen, hatte sich sofort bei der Polizei gemeldet. Sie hatte kein Tatmotiv, dafür aber ein Alibi. Damit gehörte sie auch nicht zu den Verdächtigen.

Ich verhörte alle vier Frauen und stellte fest, daß jede äußerst überrascht und erstaunt auf den Hinweis reagierte, daß außer ihr noch drei andere Frauen existiert hatten. Diese Reaktion konnte nicht gespielt sein. Ich hatte schon viele Verhöre geführt. Mir machte man in dieser Beziehung nichts vor. Allerdings konnte ich mich einer gewissen Bewunderung für das Talent des Unwiderstehlichen nicht erwehren, jede Frau glauben zu machen, sie sei die einzige für ihn.

Die schwarzhaarige Dame ließ keinen Zweifel an der männlichen Anziehungskraft des Unwiderstehlichen. »Er hatte so ein gewisses Etwas«, behauptete sie.

»Und was war das?« erkundigte ich mich.

»Das ist schwer zu sagen«, antwortete sie.

»Hat er ungewöhnlich gut ausgesehen?« fragte ich wider besseren Wissens, denn ich kannte Fotos des Mannes.

»Nein, eigentlich eher durchschnittlich.«

»Hatte er eine schöne Stimme?«

»Nicht unbedingt.«

»War er gebildet, geistreich, gut erzogen?«

»Wer fliegt denn heutzutage schon auf so was?«

»War er gut im Bett?«

»Es ging«, erwiderte sie. »Aber ich war ihm schon verfallen, bevor es überhaupt dazu kam.«

»Aber Sie wissen nicht genau, was ihn für Sie so anziehend gemacht hat?«

»Eigentlich nicht.«

In diesem Punkt waren sich alle einig. Keine einzige war in der Lage, exakt zu definieren, was die offensichtliche Unwiderstehlichkeit des Mannes ausgemacht hatte.

Ich fragte schließlich die Rothaarige, ob er ein besonders interessantes Rasierwasser benutzt habe?

»Er nahm überhaupt kein Parfüm«, erwiderte sie. »Seine Seife, sein Deodorant, alles war geruchlos. Gerade das mochte ich so an ihm. Ich kann starke Parfüms weder an meinen Liebhabern noch an mir ertragen.«

Dies hatten alle vier Damen gemeinsam. Sie schienen es jedenfalls nicht darauf abgesehen zu haben, die Umgebung unter einer Dunstglocke chemischer Düfte zu ersticken.

Die brünette Dame war die einzige, die ihre Trauer offen zeigte. Ihre Augen waren gerötet, und sie putzte sich ständig die Nase. Sie behauptete im Laufe des Gesprächs, sich nicht vorstellen zu können, daß eine von ihnen die Mörderin sei.

»Hat Sie denn sein gefühlloses Verhalten nicht wütend gemacht?« erkundigte ich mich.

»Doch, natürlich. Allerdings erst, nachdem ich seine Wohnung verlassen hatte. Sobald er nicht mehr in meiner Nähe war, konnte ich sogar ziemlich wütend werden.« Sie schneuzte sich erneut die Nase. »Aber in seiner Gegenwart – da war ich Wachs in seinen Händen. Dann wollte ich nur noch ihn, wollte nur noch mit ihm zusammen sein. Er hatte so etwas ... Ich bin sicher, den anderen ist es genauso ergangen.«

Er hatte also so etwas an sich. Mehr war aus den Damen nicht herauszubekommen.

Die Blondine hatte von allen vier Frauen das einfachste Gemüt und war am gesprächigsten.

»Wie haben Sie ihn kennengelernt?« wollte ich von ihr wissen.

»Auf einer Party«, antwortete sie. »Dabei hatte man uns gar nicht vorgestellt. Ich habe ihn flüchtig am gegenüberliegenden Ende des Raumes gesehen, jedoch nicht weiter auf ihn geachtet. Er machte auf den ersten Blick einen eher uninteressanten Eindruck. Aber dann bin ich zufällig an ihm vorbeigegangen. Sofort war mir klar, daß eine ganz gewisse Anziehungskraft von ihm ausging. Ich bin einfach stehengeblieben und habe ihn angesprochen. Er hat meinen Gruß lächelnd erwidert. So haben wir uns kennengelernt.«

»Lag's vielleicht an seinem Lächeln?« fragte ich. »Besaß er einen gewissen jungenhaften Charme?«

»N ...ein«, widersprach sie. »Sein Lächeln war ganz harmlos. Wir haben uns eine Weile unterhalten. Worüber, habe ich offen gestanden vergessen.«

»Aber das Gespräch war interessant ... vielleicht sogar faszinierend?«

»N ...ein, kaum. Ich habe, wie gesagt, überhaupt keine Erinnerung mehr daran. Später – bei ihm in der Wohnung – da ist es allerdings wundervoll gewesen.«

»Dann war er ein geschickter Liebhaber?«

»Kein schlechter, würde ich sagen. Aber ich habe schon bessere erlebt. Trotzdem ist es himmlisch gewesen, einfach mit ihm zusammen zu sein.«

Die Blondine stimmte mit der brünetten Dame darin überein, daß sie in Gegenwart des Unwiderstehlichen zu keiner Handgreiflichkeit gegen ihn fähig gewesen wäre; gleichgültig, was er auch getan haben mochte. Alle vier Frauen waren da derselben Meinung.

Ich mußte daraufhin immerhin die Möglichkeit in Betracht ziehen, daß keine der Frauen die Täterin gewesen war.

Vielleicht ging der Mord auf das Konto eines Einbrechers. Es war ja kaum anzunehmen, daß der Ermordete seine unwiderstehliche Faszination auch auf Männer ausgeübt hatte.

Ein kurzes Telefongespräch mit dem Polizeipräsidenten machte diese Möglichkeit jedoch zunichte. Die Polizei hatte keinerlei Spuren eines gewaltsamen Eindringens in die Wohnung feststellen können. Außerdem war nichts gestohlen worden, und die Person, die am späten Abend beim Betreten der Wohnung gesehen worden war, war eine Frau gewesen. In diesem Punkt waren sich die beiden Zeugen vollkommen sicher.

Welcher Art war die Faszination, die der Unwiderstehliche auf Frauen ausgeübt hatte? Ich hatte das Gefühl, daß ich mit der Antwort auf diese Frage auch den Schlüssel für die Lösung des mysteriösen Falles besitzen würde.

Ich muß zugeben, daß ich vorübergehend sogar an Zauberei, an übersinnliche Kräfte dachte. Hatte der Unwiderstehliche magische Fähigkeiten besessen? War es möglich, daß er die Frauen mit einem Zauberbann belegt hatte?

Ich hatte in diesem Punkt allerdings meine Zweifel. Schließlich hatte sich eines der Opfer gegen ihn gewandt und ihn getötet. Falls er irgendeinen Zauberspruch benutzt hatte, dann mußte er auch so geschickt gewesen sein, dafür zu sorgen, daß seine Macht nicht im entscheidenden Augenblick versagte. Nein, es konnte nur eine ganz natürliche Begabung gewesen sein, deren Wirkung im entscheidenden Augenblick eben doch nicht ausgereicht hatte. Aber um welche Begabung handelte es sich, und weshalb hatte sie ihre Wirkung verfehlt?

Ich unterhielt mich noch einmal telefonisch mit allen vier Frauen. »Haben Sie je mit dem Mann telefoniert?« lautete meine erste Frage.

Alle antworteten mit »Ja«.

»Hatten Sie bei diesem Gespräch das Gefühl von Liebe und Zärtlichkeit?«

Jede der vier Damen überlegte angestrengt und behauptete dann, daß ihr die Telefongespräche nie besonders wichtig erschienen seien.

»Mochten Sie seine Umarmungen?«

Die Antwort darauf fiel mehr als positiv aus.

»Auch im Dunkeln?«

»Im Dunkeln war es noch schöner«, erwiderte die Rothaarige seufzend. »Da konnte ich mich noch besser auf ihn konzentrieren.«

Die anderen Damen bestätigten diese Aussage.

Schließlich war ich der Überzeugung, alle nötigen Informationen zu besitzen. Es gelang mir, die Lösung des Falles dem Polizeipräsidenten noch vor Mitternacht mitzuteilen. Die Sache hatte mich nur einen einzigen Arbeitstag gekostet, und ich hatte natürlich recht . . .

Jennings, der Griswold am nächsten saß, trat diesem geistesgegenwärtig auf den Fuß. »Schlaf jetzt bloß nicht ein!« mahnte er ihn empört. »Was war das Geheimnis des Unwiderstehlichen?«

»Au!« schnaubte Griswold durch seinen weißen Schnurrbart. »Der Ausgang der Geschichte kann euch doch wohl kaum überrascht haben. Wenn weder übernatürliche Kräfte, noch Zaubersprüche oder Zaubertränke im Spiel waren, konnte es sich nur um unsere fünf Sinne handeln. Der Mensch hat allerdings nur drei Sinne, die über eine längere Distanz anwendbar sind: das Hören, das Sehen und der Geruchssinn. Aus der Geschichte ging deutlich hervor, daß der Unwiderstehliche nur durchschnittlich aussah und auch sonst keine besonderen Fähigkeiten besaß. Alle vier Frauen hatten ihn aus einiger Entfernung ansehen oder mit ihm telefonieren können, ohne seiner Faszination zu erliegen. Damit seine Anziehungskraft wirken konnte, mußten sie sich in seiner Nähe befinden, und das bedeutete, daß er den Geruchssinn der Frauen ansprach.«

»Aber du hast selbst behauptet, daß er keinerlei Parfüm benutzte«, warf ich ein.

»Stimmt. Aber es gibt schließlich auch ganz natürliche Gerüche. Schon normaler Schweißgeruch kann als Aphrodisiakum wirken. Reiner Männerschweiß enthält Duftkomponenten, die angeblich dem Aroma von Sandelholz ähneln und nachweislich auf Frauen sehr anziehend wirken. Zweifellos ist die Anziehung zwischen den Geschlechtern auf solche subtile ›chemische Botschaften‹ zurückzuführen. Allerdings werden in unserer Gesellschaft, die dazu neigt, intensive künstliche Geruchsstoffe aller Art zu benutzen, diese natürlichen Duftstoffe übertönt. Der Unwiderstehliche benutzte keinerlei künstliche Duftstoffe. Ich bin überzeugt, daß er einen starken, natürlichen Eigengeruch hatte, und die vier Frauen, die ebenfalls künstliche Duftstoffe ablehnten und daher über einen empfindsamen Geruchssinn verfügten, fanden ihn deshalb sehr attraktiv. Die Ursache der vom Unwiderstehlichen ausgeübten Faszination war ihnen daher in unserem geruchsunempfindlichen Zeitalter auch nicht klar. Das mußte also die Lösung sein.«

»Na gut. Aber wer hat den Unwiderstehlichen umgebracht?« erkundigte sich Baranov.

»Das war offensichtlich. Ich habe euch erzählt, daß die brünette Dame als einzige offen ihre Trauer gezeigt hat. Sie putzte sich ständig die Nase und hatte gerötete Augen. Natürlich konnte das ein Zeichen von Trauer sein. Allerdings sind diese beiden Dinge auch Symptome für einen ganz normalen Schnupfen. Zweifellos wäre sie unter anderen Umständen nie in der Lage gewesen, ihm etwas anzutun, aber durch den Schnupfen hatte sie vorübergehend ihren Geruchssinn verloren und war deshalb gegen den Unwiderstehlichen immun. Und in diesem Zustand konnte nichts sie davon abhalten, ihn zu erstechen – was sie schließlich auch tat.«

6.

Der Schatten

Als wir an jenem Abend im Union Club saßen, herrschte eine Stimmung von Weltentrücktheit. Es war schon ziemlich spät, und wir hatten die Bibliothek ganz für uns allein.

Jennings mußte diese Weltabgeschiedenheit besonders deutlich gespürt haben, als er plötzlich versonnen sagte: »Ich frage mich, ob uns wohl jemand suchen würde, wenn wir von jetzt an einfach hierblieben.«

»Nach ein, zwei Wochen würden uns unsere Frauen vermutlich vermissen«, entgegnete ich optimistisch. »Und dann würde das Räderwerk der Polizei in Gang gesetzt werden.«

»Auf die Polizei ist kein Verlaß«, entgegnete Baranov. »1930 hat ein gewisser Richter Crater sein Haus in New York verlassen und wurde seither nie wieder gesehen. Mittlerweile ist er schon fünfzig Jahre spurlos verschwunden.«

»Mit Sozialversicherungsnummern, Kreditkarten und Computern ist es heutzutage längst nicht mehr so einfach unterzutauchen«, gab ich zu bedenken.

»Meinst du wirklich?« zweifelte Baranov. »Und was ist mit James Hoffa passiert?«

»Ich meine ja auch absichtlich und zu Lebzeiten«, präzisierte ich.

In den Tiefen seines Sessels regte sich Griswold. Die Federn ächzten, als allmählich Leben in ihn kam. »In mancher Beziehung ist es heutzutage sogar leichter zu verschwinden als früher. Wen kümmert es in unserer heterogenen, egoistischen Gesellschaft schon, wenn eine Person aus dem Netz sozialer Verpflichtungen und Verfilzungen schlüpft? Unsere Abteilung hat vor Jahren verzweifelt einen Mann gesucht, der einfach nicht auffindbar war.«

»Von welcher Abteilung sprichst du?« fragte Jennings hastig, doch auf diese Weise war Griswold nie zu überrumpeln.

Ich weiß nicht, ob ihr euch je Gedanken darüber gemacht habt – begann Griswold – was für ein unendlich mühsam gewonnenes Geflecht an Informationen dazu nötig ist, einen feindlichen Agenten kaltzustellen. Man muß ihn dafür nicht festnehmen und bei Sonnenaufgang erschießen. Es genügt schon zu wissen, wer er – oder sie – ist. Danach stellt er praktisch keine Gefahr mehr für uns dar. Im Gegenteil: Er wird uns eine große Hilfe. Und zwar besonders dann, wenn er keine Ahnung hat, daß wir ihn enttarnt haben. Denn in diesem Fall können wir ihm laufend Falschinformationen zuspielen und ihn ohne Wissen seiner Auftraggeber umpolen.

Das zu erreichen, ist nicht leicht; oder wenigstens nicht immer. Es gab vor Jahren einen feindlichen Agenten, der einfach nicht zu fassen war. Einige von uns nannten ihn den »Schatten«.

Und doch gelang es uns, Schritt für Schritt das Netz um ihn enger zu ziehen, bis wir sicher sein konnten, daß die von ihm durchgeführten Aktionen von einem besonders heruntergekommenen Gebäude ausgingen. Mit anderen Worten, wir hatten sein Hauptquartier gefunden.

Mit viel Vorsicht und Fingerspitzengefühl versuchten wir weiter, seiner Identität auf die Spur zu kommen, wobei wir ständig darauf bedacht sein mußten, ihn nicht kopfscheu zu machen und zu einem plötzlichen Standortwechsel zu veranlassen. In diesem Fall hätten wir nämlich noch einmal ganz von vorn anfangen müssen. Wir stießen auf Spuren seiner Existenz in den benachbarten Lebensmittelläden, Zeitungsständen und dem Postamt, ohne je eine brauchbare Personenbeschreibung oder definitive Beweise dafür zu erhalten, daß der Schatten tatsächlich unser Mann war.

Damit blieb er weiterhin ein Schatten.

Schließlich fanden wir heraus, unter welchem Namen er bei uns lebte. Er nannte sich William Smith, und das brachte uns auf eine Idee.

Angenommen, ein Anwalt sucht einen gewissen William Smith, weil dieser Erbe einer beachtlichen Geldsumme ist. In einem solchen Fall kann man sich der Mithilfe sämtlicher Nachbarn sicher sein. Wenn nämlich jemand aus dem Bekanntenkreis plötzlich zu Geld kommen soll, werden alle hilfsbereit. Jeder spekuliert auf die Dankbarkeit des Betroffenen und auf dessen Bereitschaft, dem Nachbarn seinerseits mit Geld unter die Arme zu greifen. Wir hatten damals den Hintergedanken, daß selbst Smith angesichts einer solchen Chance zu Geld zu kommen, eine Weile stillhalten würde. Aber selbst wenn er wußte, daß er als Erbe gar nicht in Frage kam, durften wir damit rechnen, daß ihn die Suchaktion nicht mißtrauisch machen würde.

Ein von uns instruierter Anwalt übernahm den Fall, suchte Smith in dessen Wohnung auf, traf ihn jedoch nicht an. Smith war seit Tagen nicht mehr gesehen worden, und niemand wußte, wo er sich aufhielt. Lediglich der Hausmeister des schäbigen Wohnhauses zeigte sich neugierig. Offenbar sorgte er sich – verständlicherweise – um die nächste Monatsmiete.

So frustrierend Smiths plötzliches Verschwinden – er war uns eben ständig einen Schritt voraus – für uns auch war, es gab uns wenigstens die Gelegenheit, ganz legitim eine Haussuchung bei ihm vorzunehmen. Der Grund war nichts Dramatisches. Nur eine ganz normale Vermißtenfahndung. Ein Polizeibeamter des zuständigen Reviers erschien gelangweilt beim Hausmeister von Smiths Apartmenthaus und verlangte, die Wohnung sehen zu dürfen. Der Hausmeister schloß ihm auf.

Das Apartment bestand aus zwei Zimmern, einer winzigen Küche und einem Badezimmer. Irgendwelche nützliche Hinweise auf die Person des Wohnungsinhabers fanden wir dort nicht. Allerdings könnte er Schriftsteller gewesen sein. Soviel erfuhren wir wenigstens vom Hausmeister.

Die Tage vergingen ohne eine einzige weitere Spur von William Smith. Er war nicht einmal mehr ein Schatten, er war schlichtweg von der Bildfläche verschwunden. Wir hatten das deprimierende Gefühl, Smith könne uns wie damals Richter Crater für immer durch die Lappen gegangen sein.

Und dann tat der Chef das, was er eigentlich zuallererst hätte tun müssen.

Er schickte mich zu Smiths Wohnung.

Schon in meinen jungen Jahren fand ich es nützlich, in möglichst schäbigem Aufzug aufzutreten. Die Menschen vergaßen dann meistens ihre Vorsicht, und ich war sicher, daß der Hausmeister wesentlich gesprächiger werden würde, wenn ich außerdem noch den Hilflosen spielte.

Nachdem er mir Smiths Wohnungstür aufgeschlossen hatte, machte er keine Anstalten, mich dort allein zu lassen, und ich hatte gegen seine Gesellschaft natürlich nichts einzuwenden. »Suchen Sie ihn noch immer?« erkundigte er sich.

»Sie sagen es«, seufzte ich. »Schließlich verlangt mein Vorgesetzter einen Bericht von mir.«

»Seine Familie macht sich vermutlich 'ne Menge Sorgen«, fuhr der Hausmeister fort. »Immerhin soll er 'ne Erbschaft machen. Und selbst wenn sie auf ihn nicht scharf sind, auf das Geld sind sie's bestimmt.«

»Vermutlich«, murmelte ich und ließ meine Blicke weiter durch die Wohnung schweifen.

Ein Zimmer schien eine Art Bibliothek zu sein. Allerdings gab es dort nicht viel Platz, und die Anzahl der Bücher in den Regalen, vorwiegend Nachschlagewerke oder wissenschaftliche Abhandlungen, war auch nicht besonders groß. Smith hatte sich also ganz offenbar als Wissenschaftler getarnt. Die Bücher waren nicht neu, sahen teilweise sogar benutzt aus. Abgesehen von den Bücherregalen bestand das Mobiliar aus einer Couch, einem Schaukelstuhl und einem Tisch.

Im angrenzenden Zimmer standen ebenfalls mehrere Bücherregale. Eines davon enthielt die gesamte *Encyclopaedia Britannica.* Dann gab es dort noch einen großen Schreibtisch, einen Sessel, mehrere Aktenschränke, einen Schreibmaschinentisch mit elektrischer Schreibmaschine und Drehstuhl, einen Globus und die üblichen Büroutensilien wie Papier, Stifte, Büroklammern, Kohlepapier, Briefbeschwerer, Kuverts, Briefmarken und so weiter.

Der Bewohner des Apartments mußte ein ordnungsliebender Zeitgenosse sein. Sämtliche Bedarfsgegenstände waren aufgeräumt, nichts lag herum; es gab keine Fotografie, und die Wände waren kahl.

Brauchbare Fingerabdrücke hatten wir ebenfalls nicht finden können.

»Sie haben doch nichts aus der Wohnung geschafft, oder?« wandte ich mich schließlich an den Hausmeister. Immerhin besaß er einen Schlüssel.

»Wer, ich? Wo die Polizei ständig hier ist? Sind Sie verrückt?«

»Sie können mir vermutlich auch nicht sagen, wie der Mann ausgesehen hat, was?«

»Ihre Kollegen haben mir immer wieder diese Frage gestellt. Ich hab' versucht, ihn zu beschreiben, aber viel war einfach nicht an ihm dran. Er hatte ein richtiges Dutzendgesicht.«

Ich seufzte. Ein erfolgreicher Agent muß ein Dutzendgesicht haben, sonst ist er völlig unbrauchbar. Die Kollegen von der Polizei hatten dem Hausmeister auf dem Revier Hunderte von Personenfotos vorgelegt, um wenigstens festzustellen, wie William Smith ungefähr aussah. Der Hausmeister hatte schließlich sechs Bilder herausgepickt. Die darauf abgebildeten Personen hatten jedoch nicht die geringste Ähnlichkeit miteinander. Smith blieb der große Unbekannte.

Im Arbeitszimmer standen zwei Schränke. Sie enthielten Kleidungsstücke, also nichts Aufregendes. Ich schlenderte ins Badezimmer. Dort lagen die üblichen, mehr oder weniger abgenutzten Toilettengegenstände herum.

In der Küche fanden sich eine dürftige Auswahl an Glas- und Büchsenkonserven, Bestecke, ein Büchsenöffner und Pfannen und Töpfe. Letztere sahen kaum benutzt aus.

Der Hausmeister zuckte auf meine diesbezügliche Frage nur die Schultern. »Vermutlich hat er häufig auswärts gegessen. Das habe ich Ihren Kollegen auch schon gesagt.«

»Sie wissen nicht zufällig in welchem Restaurant?«

Der Mann zuckte erneut nur mit den Achseln. »Ich kümmere mich um meine eigenen Angelegenheiten. In dieser Gegend hier ist das ratsam.«

»Die Beamten vom zuständigen Revier haben mir erzählt, Sie hätten sich gelegentlich mit ihm unterhalten.«

»Na, ja ... Wenn ich die Miete kassiert oder die Dusche repariert habe, haben wir mal 'n paar Worte gewechselt. Mehr nicht.«

»Was für Bücher schreibt er eigentlich?« wollte ich wissen.

»Keine Ahnung. Jedenfalls nicht die Sorte, die ich lese.« Er grinste anzüglich.

»Von den Büchern hier scheint ja kein einziges von ihm zu sein.«

»Er hat mir mal erzählt, daß er hauptsächlich für Zeitschriften schreibt«, erwiderte der Hausmeister. »Vielleicht hat er mit Büchern gar nichts zu tun. Außerdem benutzt er vermutlich ein Pseudonym. Jedenfalls hat er so was angedeutet.«

»Und für welche Zeitschriften hat er Artikel geschrieben?«

»Keine Ahnung.«

»Wie lautete sein Pseudonym?«

»Das weiß ich auch nicht. Er hat mir's nicht gesagt, und ich habe nie danach gefragt. Es geht mich schließlich auch nichts an.«

»Haben sich die Nachbarn je über den Lärm seiner Schreibmaschine beschwert?« erkundigte ich mich.

»Nein, nie! Hören Sie, Mister! In diesem Haus kann jemand um drei Uhr morgens seine kreischende Frau verprügeln, ohne daß sich auch nur ein Mieter beschwert.«

»Haben Sie ihn manchmal tippen gehört?«

»Sie meinen in der Wohnung? Nein. Ich wohne zwei Stockwerke drunter.«

»Und vom Korridor aus? Konnte man ihn da hören?«

»Klar. Ab und zu schon. Aber nur leise. In alten Gebäuden wie diesem sind die Wände noch solide gebaut.«

»Haben Sie ihn irgendwann mal an der Schreibmaschine gesehen?«

»Sicher. Wenn ich in seiner Wohnung was reparieren mußte, habe ich ihn tippen gehört. Nachdem er mich dann reingelassen hatte, hat er sich wieder an die Schreibmaschine gesetzt. Viel kann er mit dem Job nicht verdienen, sonst würde er nicht hier wohnen.« Er grinste erneut.

Ich schnaubte verächtlich und ging. In der betreffenden Etage wohnten noch drei weitere Parteien. Keiner konnte mir den vermißten Mieter beschreiben oder wußte Näheres über ihn. Eine Wohnungsnachbarin glaubte, öfters das Klappern seiner Schreibmaschine gehört zu haben, hatte jedoch nicht weiter darauf geachtet. »Hier in diesem Haus kümmert sich jeder um die eigenen Angelegenheiten, Mister.«

Ich glaubte ihr aufs Wort. Es hatte keinen Sinn, dort noch länger Nachforschungen anzustellen.

Das allerdings war auch nicht mehr nötig. Smith war inzwischen immer deutlicher aus seinem Schattendasein getreten. Wir wußten jetzt, wo und wer er war, und von diesem Zeitpunkt an wurde der ahnungslose Smith für die Gegenseite völlig unbrauchbar und sehr nützlich für uns. Und so blieb es, bis seine ehemaligen Auftraggeber ahnten, daß wir ihn längst enttarnt hatten. Bevor sie jedoch einen tödlichen Unfall für ihn arrangieren konnten, nahmen wir ihn vorsorglich fest.

Und wenn ihr erlaubt, dann hole ich mir jetzt einen frischen Drink.

Griswold machte Anstalten aufzustehen, doch Jennings rutschte mit seinem Sessel ein Stück vor und verstellte ihm den Weg. »Solange du uns nicht erzählt hast, wer dieser Agent gewesen ist und wo ihr ihn gefunden habt, mußt du eben Durst leiden, mein Lieber.«

Über Griswolds Nasenwurzel bildeten sich ärgerliche Falten. »Soll das vielleicht heißen, daß ihr die Pointe schon wieder nicht mitgekriegt habt? Einen William Smith hat es nie gegeben. Er war nur der Köder für den Fall, daß unsere Abteilung dem eigentlichen Agenten zu dicht auf die Pelle rükken würde. Beinahe hätte dieses Ablenkungsmanöver funktioniert. Nur dank der Tatsache, daß bei diesem schönen Plan ein wichtiger Gegenstand vergessen worden ist, habe ich erkannt, daß in der betreffenden Wohnung nie jemand eine schriftstellerische Tätigkeit ausgeübt haben konnte. Da jedoch der Hausmeister behauptet hatte, Smith an der Schreibmaschine gesehen zu haben, lag der Schluß nahe, daß der Hausmeister selbst Komödie spielte und eigentlich unser Mann war. Das ist die ganze Geschichte. Simpler geht's wirklich nicht.«

»Blödsinn«, entgegnete Baranov. »Woher willst du denn gewußt haben, daß die Wohnung nie von einem Schriftsteller benutzt worden war?«

»Weil eines der wesentlichsten Utensilien fehlte. Man kann ohne Bibliothek und ohne Nachschlagewerke schriftstellerisch tätig sein. Man braucht dazu auch nicht unbedingt eine Schreibmaschine oder einen Schreibtisch, ja nicht einmal Schreibmaschinenpapier. Man kann auch auf alte Briefumschläge oder Einkaufstüten schreiben. Aber jeder Schriftsteller würde euch sagen, daß es einen Gegenstand gibt, der für ihn ganz unerläßlich ist, und eben dieser fehlte in Smiths Wohnung. Ich habe euch einzeln all das aufgezählt, was wir in dem betreffendem Apartment gefunden haben. Jener Gegenstand ist nicht dabei gewesen.«

»Und was war das?« fragte ich.

Griswolds weißer Schnurrbart blinkte. »Ein Papierkorb natürlich! Wie kann ein Schriftsteller ohne einen Papierkorb auskommen?«

7.
Auf des Messers Schneide

Griswold, der mehreren unserer abendlichen Zusammenkünfte im Union Club ferngeblieben war, saß nun wieder in unserer Runde und schien in seinem Sessel tief und fest zu schlafen. Sein buschiger, weißer Schnurrbart hob und senkte sich im Takt der regelmäßigen Atemzüge.

»Beruflich kann er unmöglich unterwegs gewesen sein«, überlegte ich laut. »Er muß inzwischen längst pensioniert sein.«

»Pensioniert? Wovon?« entgegnete Baranov skeptisch. »Ihr glaubt doch wohl die Märchen nicht wirklich, die er uns immer erzählt.«

»Ich weiß nicht recht«, murmelte Jennings. »Die meisten Geschichten klingen durchaus wahr.«

»Das ist Ansichtssache«, behauptete Baranov. »Diese Spionagestorys sind für mich reine Phantasie. Meiner Meinung nach ist er nie über die Grenzen der USA hinausgekommen. Und welcher Agent bleibt schon in seinem Heimatland? Was hätte er hier bei uns denn zu tun?«

Griswolds fast volles Glas mit Scotch bewegte sich automatisch und sicher auf seine Lippen zu. Ohne offenbar seinen Schlaf zu unterbrechen, nippte er genüßlich daran und sagte: »Ich habe nie behauptet, Amerika nie verlassen zu haben.«

Er schlug die Augen auf. »Aber auch wenn dem so wäre, hätte ein Agent wie ich zu Hause immer genug zu tun gehabt. Es gibt eine ganze Liste großer Namen, die hier, direkt unter dem Sternenbanner, gestorben sind. Wie Archie Davidson zum Beispiel, um nur einen zu nennen.«

Archie Davidson – begann Griswold – hat die Vereinigten Staaten nie verlassen. Trotzdem hatte er in den zwölf Jahren, die er in unserer Abteilung gearbeitet hat, ständig zu tun.

Habt ihr schon mal bedacht, daß bei uns über hundert ausländische Botschaften und noch eine weitaus größere Anzahl von Konsulaten akkreditiert sind?

Jede einzelne dieser Institutionen hat die Aufgabe, für ihre jeweilige Regierung Informationen zu sammeln, wie das im übrigen unsere Botschaften und Konsulate im Dienst unserer Nation im Ausland tun. Und das Sammeln von Informationen muß mehr oder weniger heimlich und im Fall einiger Botschaften sogar mit illegalen Mitteln durchgeführt werden. Wobei der Zweck meistens eine Bedrohung unserer Sicherheit ist.

Außerdem tragen eine Reihe von Nationen auch innenpolitische Konflikte auf unserem Boden aus. Zahlreiche terroristische Gruppen, Dissidenten oder Friedenskämpfer, wie man sie je nach politischer Einstellung nennt, sind hier bei uns aktiv.

All das verlangt unsere Aufmerksamkeit, und Archie war ein Experte auf diesem Gebiet: unauffällig, geschickt und überzeugend.

Die Eigenschaft, überzeugend auf andere zu wirken, war sehr wichtig. Immerhin ist es eine Hauptaufgabe eines guten Agenten, das Vertrauen eines Mitglieds der Gegenseite zu erlangen. Eine Person, die für den Feind arbeitet, ist eine zuverlässige Informationsquelle; gleichgültig ob sie nun aus Überzeugung zum Verräter wird, nur geld- oder geltungssüchtig oder ein selbstgefälliger Schwätzer ist. Selbstverständlich sind die Verräter aus Überzeugung erfahrungsgemäß die verläßlichsten und risikofreudigsten Informanten.

Es gab keinen anderen, der kooperationswillige Agenten der Gegenseite mit solcher Sicherheit erkannte, wie Archie. Und während der Zeit, von der hier die Rede ist, hatte er Kontakt zu einem solchen ausländischen Agenten. Obwohl wir natürlich keine Einzelheiten kannten, waren wir sicher, daß es sich bei Archies Kontaktperson um einen sogenannten »Überzeugungstäter« handelte. Es war eben die einfachste Erklärung für die absolute Zuverlässigkeit der Informationen, die er uns im Lauf der Zeit zugespielt hatte.

Woher der Mann seine Informationen bezog, haben wir nie herauszufinden versucht. Es hätte offen gestanden auch wenig Sinn gehabt.

Je weniger man über eine Leitung zur Gegenseite und den

dortigen Kontaktmann Bescheid weiß, um so sicherer ist die ganze Angelegenheit. Der eigene Agent könnte den wertvollen Kontakt schon in dem Augenblick gefährden, da er an einen vertrauenswürdigen Mitarbeiter Informationen über die Person des Spitzels weitergibt. Gespräche können schließlich belauscht oder abgehört und Gesten und Zeichen richtig gedeutet werden. Allein schon die Tatsache, daß sich zwei oder mehrere Personen treffen, kann von der Gegenseite richtig ausgelegt werden.

Es ist daher von jeher das Sicherste, wenn die Kommunikation zwischen dem eigenen Agenten und dem Kontaktmann auf der Gegenseite auf ein Minimum beschränkt bleibt, und lediglich eine Person die Identität des kooperativen, feindlichen Agenten kennt. Bei einer solchen Beziehung ist gegenseitiges Vertrauen unerläßlich. Und Archie war ein Mann, der anderen diese Art von Vertrauen geben konnte, weil er nie ein doppeltes Spiel getrieben hat.

Es war daher ein schwerer Schlag für uns, als Archie eines Tages ermordet wurde.

Nichts deutete darauf hin, ob Archie in Ausübung seiner Pflicht getötet worden war. Der Mörder hatte keine Visitenkarte hinterlassen. Archie war lediglich tot im Hauseingang einer verrufenen Straße in einer unserer Städte im Osten gefunden worden.

Der Täter hatte Archie erstochen und mit der Tatwaffe auch Archies Brieftasche mitgenommen, so daß man hätte annehmen können, es handele sich um einen Raubüberfall.

Die örtliche Kriminalpolizei war übrigens auch dieser Meinung. Archie war nur in einem kleinen, eingeweihten Kreis ein bekannter Mann gewesen. Nach außen hin hatte er stets die perfekte Tarnung eines Angestellten einer Spirituosenhandlung aufrechterhalten. Weder die Polizei noch die Presse hatten also Veranlassung, der Angelegenheit besondere Beachtung zu schenken.

Auch unsere Abteilung hielt sich im Hintergrund. Und das hatte seine Gründe.

Immerhin mußten wir von der Möglichkeit ausgehen, daß Archie tatsächlich das Opfer eines ganz normalen Raubüberfalls geworden war und sein Tod nichts mit seiner geheimdienstlichen Tätigkeit zu tun hatte. In diesem Fall war ein Stillhalten unsererseits schon deshalb angebracht, um niemandem Hinweise dafür zu liefern, daß Archie in Wirklichkeit Agent gewesen war. Und wir wurden natürlich ständig von einer ganzen Anzahl unerwünschter Gruppen observiert. Ein falscher Schachzug unsererseits hätte die Gegenseite über Archie zu anderen Agenten und letztendlich vielleicht sogar zu Archies wertvollem Informanten im gegnerischen Lager geführt. Das wollten wir unbedingt vermeiden.

Im übrigen konnte es uns völlig gleichgültig sein, ob Archie von einem Geldräuber oder einem feindlichen Agenten umgebracht worden war. Unsere Abteilung verschwendete keine kostbare Zeit mit Vergeltungsaktionen. Dazu war unsere Arbeit zu wichtig.

Für uns hatte Archie nie als Mensch, sondern stets nur seine Arbeit Vorrang gehabt. Und der wichtigste Teil seiner Tätigkeit war der Kontakt zu jenem Informanten auf der Gegenseite gewesen, der durch Archies Tod jäh unterbrochen worden war.

Ob wir ihn je wieder würden aufnehmen können, hing ganz davon ab, ob es Archie irgendwie gelungen war, uns Informationen zu hinterlassen, die uns eine Fortsetzung der Beziehung ermöglichen konnten. Es war zwar nicht wahrscheinlich, daß er dazu noch Zeit gehabt hatte, aber wir mußten diese Spur unbedingt verfolgen.

Selbstverständlich war ich derjenige, der als Verbindungsmann zur örtlichen Polizeibehörde geschickt wurde. Mein gelassenes, selbstsicheres Auftreten hatte sich im Umgang mit der Polizei stets bewährt und die Wogen geglättet, die immer dann hochzuschlagen drohten, wenn sich die Polizeikräfte eines Bundesstaates von der Bundespolizei überrollt fühlten. Ich möchte euch nicht mit all den Tricks langweilen, mit denen ich den Grund für das Interesse Washingtons an der Angelegenheit zu vertuschen versucht habe, und fasse mich deshalb kurz.

»Hat Archie noch gelebt, als er gefunden wurde?« fragte ich den Beamten vom Morddezernat.

»Nein, wie kommen Sie darauf? Er war schon mindestens drei Stunden tot.«

»Schade. Wir haben es am liebsten, wenn die Opfer wenigstens noch ein paar Takte sagen können. Dann hat er vermutlich auch keine Nachricht hinterlassen, oder?«

»Was glauben Sie denn? Sollte er vielleicht mit seinem Blut noch was auf den Gehsteig schreiben?« Der Beamte vom Morddezernat versuchte natürlich mich zu provozieren, aber ich ließ mich nicht darauf ein. »Jedenfalls hatte er kein Blut an den Händen, es waren keine Buchstaben in den Straßenstaub geschrieben, und er hatte uns auch keine Zeichen aus Bananenschalen oder anderem Müll hinterlassen. Im übrigen war seine Brieftasche verschwunden. Wir hielten es deshalb erst mal für das Wichtigste, ihn zu identifizieren.«

»Habt ihr was in seinen Taschen gefunden?«

Der Inspektor griff nach einer Plastiktüte und kippte deren Inhalt wortlos auf dem Schreibtisch aus.

Ich betrachtete die Gegenstände eingehend. Archies Tascheninhalt bestand aus einem Schlüsselbund, Kleingeld, einem Taschenkamm, einem Notizbuch, einem Brillenetui und einem Kugelschreiber. Ich blätterte das Notizbuch durch. Es war leer. Mir fiel lediglich auf, daß etliche Seiten herausgerissen worden waren. Ein guter Agent macht so wenig Notizen wie möglich. Falls es sich jedoch nicht umgehen läßt, vernichtet er sie so schnell wie möglich wieder.

»Ist das alles?« fragte ich den Inspektor.

Er schüttelte schweigend die Plastiktüte. Dabei fiel zu seiner Überraschung ein Zettel heraus. Ich hob ihn auf und strich ihn glatt. Darauf stand in krakeliger Schrift in Großbuchstaben das Wort RUF-TAXI.

Der Zettel war eindeutig aus Archies Notizbuch herausgerissen worden. Ich nahm den Kugelschreiber, den man bei dem Toten gefunden hatte, und schrieb damit ein paar Zahlen auf ein Blatt Papier. Farbe und Strichstärke stimmten mit den Schriftzügen des Zettels überein.

»Was meinen Sie, Inspektor? Hat das Opfer den Zettel noch vor seinem Tod geschrieben?«

Der Inspektor zuckte mit den Schultern. »Schon möglich.«

»In welcher Tasche des Toten hat man diesen Zettel gefunden? War er zusammengeknüllt? Und wo befand sich der Kugelschreiber?«

Wir mußten zuerst den Streifenpolizisten, der Archie entdeckt hatte, und den Krimialbeamten ausfindig machen, der als erster am Tatort eingetroffen war, um eine befriedigende Antwort auf unsere Fragen zu bekommen. Die Aussagen der beiden waren eindeutig. Der zusammengeknüllte Zettel hatte in Archies linker Jackettasche gesteckt, und den Kugelschreiber hatte der Tote mit der rechten Hand in der rechten Tasche umklammert gehalten. Da diesem Mord keinerlei Bedeutung beigemessen worden war, hatte auch niemand auf diese Dinge geachtet.

Mir war jedoch sofort klar, daß Archie als guter Agent eine letzte Anstrengung unternommen haben mußte, uns eine wichtige Information zukommen zu lassen. Und diese Information mußte mit seinem Kontaktmann auf der Gegenseite in Zusammenhang stehen. Sicher hatte er versucht, uns eine Möglichkeit zu geben, die Verbindung zu diesem Agenten aufrechtzuerhalten.

Ich überlegte. Archie hatte nicht genau präzisiert, welches Taxi wir rufen sollten. Handelte es sich um den Wagen eines bestimmten Unternehmens? Hatte er immer die Dienste dieser Firma in Anspruch genommen, und konnten wir ihren Namen herausfinden? Würde es uns gelingen, eine Nachricht zusammenzusetzen, wenn wir die Gelben Seiten des Telefonbuchs bei der Rubrik »Ruftaxi« aufschlugen? Oder hatte Archie mit seiner Nachricht etwas ganz anderes gemeint?

Nachdem ich ungefähr eine Minute intensiv nachgedacht hatte, schritt ich zur Tat, lokalisierte den Informanten und nahm die Verbindung zu diesem wieder auf. Bevor es der Gegenseite gelang, diesen Spitzel ausfindig zu machen und auszuschalten, hatten wir noch genügend Zeit, über ihn jene wichtigen Informationen zu erhalten, die wesentlich zu einer zufriedenstellenden Lösung der Kuba-Krise beitrugen. Also nahm alles ein glückliches Ende . . .

»Nein, so geht's nicht, mein Freund«, sagte ich hastig und trat Griswold unsanft auf die Zehen, um ihn daran zu hindern, einzuschlafen. »Das Wichtigste hast du uns noch nicht erzählt.«

Griswold runzelte die Stirn. »Selbstverständlich habe ich das. Ich schritt zur Tat, habe den Informanten auf der Gegenseite lokalisiert und . . .«

»Ja, aber wie denn? Welches Taxiunternehmen hast du angerufen?«

»Gar keines. O Mann, sag bloß, du hast's noch immer nicht kapiert. Wenn man ein Ortsgespräch führt, dann wählt man eine siebenstellige Nummer. Den Zahlen zwei bis neun entsprechen dabei jeweils drei Buchstaben. Dieses System stammt noch aus der Zeit, als die Fernsprechvermittlungen Namen hatten. ABC entsprechen also der Zahl zwei, DEF der Zahl drei und so weiter. Kommen in einer Telefonnummer weder Einsen noch Nullen vor, dann ist es möglich, die Zahlen durch Buchstaben zu ersetzen. Für die Zahl 1 gibt es nämlich keinen entsprechenden Buchstaben, und nur auf einigen wenigen Wählscheiben entspricht das Z der Null.

Ich habe also kein Taxiunternehmen angerufen, sondern R-U-F-T-A-X-I gewählt, was in Zahlen ausgedrückt der Telefonnummer 783-8294 entspricht. Und das war die Kontaktnummer. Zweifellos hat Archie sich das Wort ›Ruftaxi‹ leichter merken können als die Zahlenkombination, und noch im Sterben hat er sich an das Wort erinnert . . . und es in letzter Verzweiflung auf den Zettel geschrieben.«

8.

Wer kennt die Melodie?

Baranov raschelte ostentativ und ärgerlich mit seiner Zeitung, bevor er an jenem Abend im ehrwürdigen Union Club verkündete: »In Brooklyn ist schon wieder ein Bandenmord passiert.«

»Gibt's sonst nichts Neues?« fragte ich unbeeindruckt.

»Es ist zum Kotzen!« schnaubte Baranov wütend. »Jetzt setzen sie wieder was weiß ich wieviel Polizeibeamte auf den Fall an, und andere wichtige Polizeiarbeit bleibt einfach liegen. Wenn sich die Gangster nach und nach gegenseitig umbringen wollen, na bitte! Das kann doch uns egal sein.«

»Damit würde man nur schlechte Präzedensfälle setzen«, gab Jennings in belehrendem Ton zu bedenken. »Mord ist nun mal Mord. So was kann man nicht einfach auf sich beruhen lassen. Außerdem muß man erst Ermittlungen anstellen, bevor man sagen kann, ob es ein Bandenmord gewesen ist.«

»Im übrigen werden Fälle dieser Art sowieso nie gelöst«, warf ich ein. »So viel Zeit verschwendet die Polizei also sicher nicht darauf.«

»Selbst die wenige Zeit, die sie darauf verschwendet, ist zuviel!« behauptete Baranov hitzig. »Von den Beteiligten macht keiner den Mund auf, und die Polizei hat keine Handhabe gegen sie. Selbst die nächsten Verwandten des Opfers sagen kein Wort. Diese Idioten! Eigentlich sollte man annehmen, daß sie an der Bestrafung des Mörders interessiert sein müßten.«

In diesem Augenblick schien sich Griswold an seinem gleichmäßigen Schnarchen zu verschlucken. Als er sich wieder erholt hatte, strich er mit seiner freien Hand den weißen Schnurrbart glatt, während er in der anderen ruhig sein Glas Scotch mit Soda hielt.

»Selbstverständlich sind die Angehörigen daran interessiert, daß der Mörder eine gerechte Strafe bekommt, nur wollen sie das lieber der entsprechenden Gangsterbande und nicht der Polizei überlassen«, erklärte Griswold. »Wobei die Rache einer Bande meistens sogar wirksamer ist als der normale Rechtsweg. Jeder Kriminelle hat ein Berufsethos, und Schweigsamkeit ist das oberste Gebot. Mißachtet man dieses ungeschriebene Gesetz, erfährt die Gesellschaft zuviel, was sich wiederum zum Schaden aller auswirkt. Wir hatten mal den Fall von . . .«

Einen Augenblick lang sah es so aus, als würde Griswold erneut einschlafen, aber Jennings, der ihm am nächsten saß, trat ihm heftig gegen den Knöchel. Mit einem leisen »Aua!« fuhr Griswold schließlich fort . . .

Wir hatten also mal den Fall von »Piano-Jo«, dem Meister der achtundachtzig Tasten. Eigentlich hieß er meines Wissens nach Christopher, aber da er der geborene Pianist und ein Virtuose auf den achtundachtzig Tasten des Klaviers war, nannten ihn alle nur den Piano-Jo.

Er hätte wohl ein berühmter Pianist werden können, denn er konnte alles, gleich welchen Stils, nachspielen und verstand es, herzerweichend zu improvisieren. Außerdem hatte er eine gute Stimme. Trotzdem fehlte ihm der letzte Rest zur Perfektion, der innere Antrieb. Und die Chancen, die ihm geblieben wären, ertränkte er konsequent in Alkohol.

Mit fünfunddreißig verdiente er sich seinen kümmerlichen Lebensunterhalt als Pianist in verschiedenen Bars und drittklassigen Nachtclubs und diente Gangsterbanden als Nachrichtenübermittler. Selbst wenn er betrunken war, und das war fast immer der Fall, blieb er sanftmütig und freundlich. Auch sein Klavierspiel wurde durch den Alkoholgenuß nie beeinträchtigt.

Die Polizei, die ihn gut kannte, ließ ihn im großen und ganzen in Ruhe. Da er nie ausfallend wurde oder andere belästigte, gab es auch nie einen Grund, ihn wegen Trunkenheit festzunehmen und in die Ausnüchterungszelle zu stecken. Davon abgesehen nahm er weder Drogen, noch handelte er mit ihnen, hatte mit den Geschäften der Damen, die die Nachtclubs frequentierten, in denen er spielte, nichts zu tun, und die Botendienste, die er für die Gangsterbanden ausführte, waren im Grunde harmlos.

Gelegentlich versuchte die Polizei, ihn auszufragen, doch Piano-Jo blieb verschwiegen.

Eines Tages erklärte er bei einer solchen Gelegenheit: »Hören Sie, meine Herren, für meinen Ruf ist es gar nicht gut, in Ihrer Gesellschaft gesehen zu werden. Schließlich bin ich nicht allein auf der Welt. Ich habe eine Schwester mit Kind und Mann, die hart arbeitet. Ich bin ihr keine große Hilfe. Allein schon durch die Tatsache meiner Existenz hat sie genug zu leiden. Ich möchte ihr nicht noch mehr Kummer machen und will vermeiden, daß man sie belästigt – und man wird sie belästigen, wenn gewisse Leute den Eindruck gewinnen, daß ich mich zu oft mit Bullen abgebe.«

Die Polizei hatte Verständnis für seine Ängste und ließ ihn von da an in Ruhe, weil sie außerdem erkannte, daß er niemanden verpfeifen würde und im übrigen sowieso nicht viel wußte.

Aus diesem Grund war es besonders traurig, daß es Piano-Jo eines Tages trotzdem erwischte.

Man fand ihn in einer dunklen Gasse mit einem Messer im Rücken. Er lebte noch, als die Polizei eintraf, denn dieses Mal hatte ein anonymer Anrufer wenigstens Meldung gemacht. Normalerweise wird eine Leiche in solchen Gegenden erst Stunden nach der Tat gefunden, und sämtliche Bewohner der Nachbarschaft bekommen angesichts der Fragen der Polizei glasige Augen oder entpuppen sich in ungewöhnlich großer Zahl als Ausländer, die des Englischen kaum mächtig sind.

Die Polizei fand nie heraus, weshalb Piano-Jo erstochen wurde. Alle hatten ihn für völlig harmlos gehalten. Andererseits gab es innerhalb der einzelnen Gangsterbanden ständig Machtkämpfe, so daß die Vermutung nahelag, Piano-Jo könne unbewußt zwischen die Fronten geraten sein.

Die Polizisten, die Piano-Jo fanden, kannten ihn gut und riefen über Funk sofort einen Krankenwagen. Piano-Jo sah den Beamten nur gelassen in die Augen. Ihn schien nichts mehr zu kümmern.

»Keine Angst, Piano-Jo«, sagte ein Polizist. »Wir bringen dich durch. Du bist bald wieder in Ordnung.«

Piano-Jo lächelte. »Wovon reden Sie, Sergeant? Ich sterbe. Wenn ich tot bin, ist alles in Ordnung. Dann bin ich drunten in der Hölle bei meinen Freunden und meinen Hoffnungen, und wenn es dort ein heißes Piano gibt, komme ich schon zurecht.«

»Wer hat dir das angetan, Piano-Jo?«

»Was geht das Sie – oder was geht das überhaupt jemanden an?«

»Willst du denn nicht, daß wir die Ratte schnappen, die das getan hat?«

»Weshalb denn? Das macht mich auch nicht wieder gesund. Ich krepiere so oder so. Vielleicht hat er mir sogar einen Gefallen getan. Wenn ich nur den Mut gehabt hätte,

hätte ich schon vor Jahren selbst Schluß gemacht.«

»Wir müssen ihn kriegen, Piano-Jo. Hilf uns! Wenn du sowieso stirbst, kann dir ja nichts mehr passieren. Was will er dir denn noch antun? Er kann höchstens auf deinem Grab rumtrampeln.«

Piano-Jos Lächeln wurde schwächer. »Vermutlich findet er nicht mal mein Grab. Mich kippen sie doch zusammen mit dem anderen Abfall auf den Müll. Und dort tanzt man nicht. Dafür trampeln sie dann auf meiner Schwester rum. Das darf nicht passieren. Ich wäre Ihnen dankbar, wenn Sie rumerzählen würden, daß ich den Mund gehalten habe.«

»Das tun wir. Keine Angst, Piano-Jo. Aber wir lügen gern für dich. Nenn uns einfach einen Namen, oder gib uns einen Hinweis. Du würdest mir den Job leichter machen, und ich sage keinen Ton, daß du uns geholfen hast.«

Piano-Jo lächelte amüsiert. »Sie brauchen Hilfe? Na gut. Wie wär's damit?« Er bewegte die Finger wie auf den unsichtbaren Tasten eines Klaviers und summte dazu einige Takte einer Melodie.

»Was war das?« erkundigte sich der Sergeant.

»Das ist mein Tip für Sie, Sergeant. Mehr kann ich nicht verraten.«

Damit schloß Piano-Jo die Augen. Er starb noch auf dem Weg ins Krankenhaus.

Am nächsten Tag riefen sie mich an. Bei der Polizei schien das langsam zu einer Gewohnheit zu werden, die mir absolut nicht gefiel. Ich hatte genug eigene Arbeit zu erledigen, und meine tatkräftige Hilfe brachte mir nichts weiter als ein »Dankeschön« und einen feuchten Händedruck. Ich kriegte nicht mal ein paar Gutscheine für falsches Parken.

»Ein Bandenmord?« fragte ich. »Wen interessiert das schon? Was nützt es, wenn Sie den Mörder finden?« Es war die übliche Reaktion.

Ich sprach mit Carmody, einem Lieutenant vom Morddezernat.

»Mußten ausgerechnet *Sie* das sagen?« entgegnete er gereizt. »Tagtäglich deckt mich jeder Trottel mit diesen Sprüchen ein. Von Ihnen hätte ich was anderes erwartet. Aber diesmal hat's zufällig einen ganz armen Hund erwischt, der nie jemandem was zuleide getan hat. Piano-Jo hätte eigentlich was Besseres verdient. Na ja, werden wir nicht sentimental. Die Sache ist die: Wenn es uns gelingt, diesen Mord jemandem anzuhängen, dann besteht eine wenigstens kleine Chance, daß die Organisation, der er angehört, dadurch einen Knacks bekommt. Und an diesem Punkt könnten wir ansetzen, um endgültig mit der Bande aufzuräumen. Die Aussichten auf Erfolg sind gering, aber wir müssen es versuchen, Griswold. Und Sie sollen uns dabei helfen!«

»Schön und gut, aber wie?« fragte ich.

»Wir haben immerhin einen Hinweis, der uns zum Mörder führen könnte. Kommen Sie, sprechen Sie mit Sergeant Rodney. Er war dabei, als Piano-Jo, so heißt das Opfer, gestorben ist.«

Sergeant Rodney machte keinen sehr glücklichen Eindruck. In einem Mordfall einen Hinweis auf den Täter zu haben, den er weder verstand noch weitergeben konnte, war nicht sehr erfolgversprechend.

Zerknirscht erzählte er uns vom letzten Wortwechsel mit Piano-Jo. Ich kann nicht beurteilen, wie genau er dieses Gespräch wiedergegeben hat, aber schließlich kam es nur auf die Melodie an.

»Was für eine Melodie ist es gewesen?« erkundigte ich mich.

»Keine Ahnung, Sir. Er hat nur ein paar Takte gesummt.«

»Haben Sie die Melodie vielleicht erkannt oder schon mal irgendwo gehört?«

»Nein, Sir. Das Ganze hat auch nicht wie ein bekannter Schlager oder ein bekanntes Lied geklungen. Es waren nur ein paar Töne, mit denen ich überhaupt nichts anfangen konnte.«

»Haben Sie sich die Melodie gemerkt? Könnten Sie sie mir vorsingen?«

Rodney sah mich entsetzt an. »Im Singen war ich nie besonders.«

»Wir sind hier ja auch nicht in der Oper. Versuchen Sie's, so gut es geht.«

Rodney setzte ein paarmal an, brachte auch einige Töne zustande und gab dann deprimiert auf. »Tut mir leid, Sir. Er hat's nur einmal vorgesungen, und die Melodie war mir völlig fremd.«

Daraufhin ließen wir ihn gehen. Rodney schien erleichtert zu sein, endlich Fragen zu entgehen, denen er völlig hilflos gegenüberstand.

Carmody sah mich besorgt an. »Was machen wir jetzt? Meinen Sie, wir kommen weiter, wenn wir ihn hypnotisieren lassen? Vielleicht erinnert er sich dann?«

»Nehmen wir an, er erinnert sich unter Hypnose wirklich daran und wir erkennen die Melodie und stellen eine Verbindung zu seinem Verdächtigen her, würde das dann vor Gericht als Beweismittel zugelassen? Würde Rodney ein Kreuzverhör gut überstehen? Könnte er die Geschworenen überzeugen?«

»Nein«, entschied Carmody. »Aber wenn wir wenigstens wüßten, wer es getan hat, könnten wir versuchen, ein Geständnis von ihm zu bekommen, ein Motiv zu finden.«

»Haben Sie denn überhaupt Verdächtige?«

»In der Gegend gibt es eine Bande, der drei Männer angehören, von denen wir annehmen, daß sie an drei früheren Morden beteiligt waren.«

»Dann knöpfen Sie sich am besten alle drei mal vor.«

»Das hätte keinen Sinn. Wenn wir alle drei schnappen, fühlen sie sich sicher wie in Abrahams Schoß, weil klar ist, daß wir völlig im dunkeln tappen. Immerhin kann's auch ein ganz anderer gewesen sein. Aber wenn sich unser Verdacht auf einen einzelnen konzentrieren würde und wir ihn allein in die Mangel nehmen . . .«

»Sagen Sie mir doch mal die Namen der drei Verdächtigen, von denen Sie vorhin gesprochen haben, Lieutenant«, forderte ich ihn auf.

»Moose Matty, Ace Hegad und Gent Diamond«, erwiderte Carmody prompt.

»Tja, wenn das so ist . . . . ist unser Problem praktisch schon gelöst«, erklärte ich. »Holen Sie Sergeant Rodney. Und dann suchen wir gemeinsam ein Klavier.«

Das Klavier fanden wir in einem Aufnahmestudio auf der gegenüberliegenden Straßenseite. »Hören Sie mir jetzt bitte gut zu, Sergeant«, wandte ich mich an Rodney. »Und sagen

Sie mir dann, ob das, was ich spiele, die Melodie ist, die Piano-Jo vor seinem Tod gesummt hat.« Ich schlug ein paar Noten an.

Rodney starrte mich überrascht an. »Donnerwetter, das klingt tatsächlich so, Sir. Könnten Sie's noch mal spielen?«

»Aber nur noch ein einziges Mal«, erwiderte ich. »Sonst glauben Sie bald, es ist in jedem Fall die Melodie, egal was ich spiele. Also, ist sie das?«

»Ja«, antwortete Rodney erregt. »Genau das ist sie.«

»Danke, Sergeant. Sie haben gute Arbeit geleistet. Ich bin sicher, das gibt eine Belobigung. Lieutenant, wir wissen jetzt, wer der Mörder ist – oder besser, wen Piano-Jo dafür gehalten hat.«

Ich habe keine Ahnung, ob es der Polizei gelungen ist, die ganze Bande hochzunehmen, weil ich den Fall nicht weiter verfolgt habe, aber nach meinen Informationen wurde der Mörder gefaßt und hinter Gitter gebracht. Sergeant Rodney bekam ein Lob, Casmody strich den Ruhm ein, und ich machte mich wieder an meine Arbeit. Was im einzelnen passiert war, könnt ihr euch ja wohl denken.

»Nein, das können wir erstaunlicherweise überhaupt nicht!« schnaubte Jennings aufgebracht. »Untersteh dich und schlaf jetzt ein, mein Freund! Diesmal bist du zu weit gegangen, Griswold. Willst du uns auf den Arm nehmen? Also, wie ist es dir gelungen, die Melodie zu rekonstruieren, und weshalb hast du damit den Mörder gefunden?«

Griswold blies verächtlich durch seinen weißen Schnurrbart. »Was gibt's denn da noch zu erklären? Wir haben nur sieben Noten, und mit der achten fängt alles wieder von vorn an: do – re – mi – fa – so – la – si, und dann beginnt es erneut mit do. Für diese Noten stehen auch die Buchstaben C – D – E – F – G – A – H und so weiter.

Es ist nun durchaus möglich, wenn auch nicht üblich, daß ein Personenname nur aus den Buchstaben besteht, mit denen wir gewisse Töne verbinden. Ace Hegad ist ein solches Beispiel. Als Casmody diesen Namen genannt hat, hatte ich sofort den Verdacht, daß er der Mörder gewesen ist. Deshalb habe ich den Namen in Musiknoten umgesetzt und auf dem

Klavier la – do – mi – si – mi – so – la – re oder A – C – E – H – E – G – A – D mit einer kurzen Pause nach dem dritten Ton gespielt, und Rodney hat diese Notenkombination sofort als Piano-Jos letzte Melodie erkannt. Das ist alles.«

9.

Das Versteckspiel

»Übrigens habe ich gelesen«, begann Baranov mit einem schlauen Blick auf Griswold, »daß zwei Agenten verurteilt worden sind, weil sie ohne richterlichen Durchsuchungsbefehl eine Wohnung durchsucht haben.«

Es folgte betretenes Schweigen. Weder Jennings noch ich sagten ein Wort. Griswold saß im rechten Winkel zu uns direkt vor dem Kamin, in dem an diesem kühlen Herbstabend ein Feuer brannte. Ausnahmsweise schlief Griswold nicht, denn er führte hin und wieder sein Glas Scotch mit Soda an die Lippen, sprach jedoch nicht mit uns.

»So was erleichtert den Sicherheitskräften ja nicht gerade die Arbeit«, versuchte Baranov es erneut. »Vor allem dann nicht, wenn sie heimlich und im Interesse der nationalen Sicherheit vorgehen müssen.«

Erneut folgte eine Pause. Schließlich brach Jennings mit etwas schriller Stimme das Schweigen: »Andererseits kann man es kaum zulassen, daß Sicherheitsbeamte ausgerechnet die Gesetze brechen, die zu verteidigen sie geschworen haben. Damit wären die Bürgerrechte direkt gefährdet.«

In diesem Augenblick schwenkte Griswold seinen Stuhl herum und sah uns an. Die buschigen Augenbrauen waren düster über seinen stahlblauen Augen zusammengezogen und sein Schnurrbart zuckte. »Wenn ihr mich provozieren wollt, dann verschwendet ihr eure Zeit. Das Ganze ist keine Frage von Gesetzestreue, sondern von Klugheit und Umsicht. Die beiden Herren hätten das, was sie gemacht haben, straflos tun können, wenn sie sich vorher der Unterstützung der entsprechenden Stellen versichert hätten. Immerhin ging es offenbar um eine Sache von nationaler Wichtigkeit. Aber die beiden haben sich weder eine Vollmacht, noch einen Haussuchungsbefehl verschafft. Und eines möchte ich euch sagen, kein Gesetz kann einer Organisation so viel Schaden zufügen, wie das die Dummheit ihrer Mitglieder vermag. Zum Beispiel . . .«

Er nippte erneut genüßlich an seinem Scotch mit Soda und fuhr dann fort.

Also zum Beispiel damals, in jenen Jahren, als der Staatsschutz – na, ihr wißt schon von wem – geführt wurde – begann Griswold –, da gab es keinen einzigen Agenten, der gewagt hätte, sich offen gegen eine Anordnung von oben zu stellen, so lächerlich diese auch gewesen sein mochte. Schließlich gebärdeten sich sogar Senatoren in Anwesenheit des Chefs wie Speichellecker, und Präsidenten verkrochen sich ängstlich in Ecken, wenn er nur die Stirn runzelte.

Jeder Agent war durch die vom Chef gesetzten Normen schon von weitem als solcher zu erkennen. Niemand sonst trug nämlich so blütenweiße, glänzende Hemden mit Button-down-Krägen, so schmale Krawatten und unauffällig gemusterte Anzüge; niemand sonst achtete so sorgfältig auf schlanke Taillen, hatte so kurzes, sauber gescheiteltes Haar, benutzte so maskuline Duftnoten und wirkte so viel jünger und unreifer, als es dem eigentlichen Alter entsprochen hätte. Eigentlich hätte man sie nur noch für Mormonen-Missionare halten können.

Und natürlich lebten alle in ständiger Angst. Allerdings nicht in der Angst, einen Fehler zu machen. Das hätte man verzeihen können. Sie fürchteten vielmehr, die Organisation und ihren Chef der Lächerlichkeit preiszugeben. Das galt als unverzeihlich, und die Agenten wußten das.

Natürlich habe ich nie offiziell für die CIA gearbeitet. Dazu hätte ich meinen schönen Schnauzbart abnehmen und mein Äußeres ganz der Uniformität der anderen anpassen müssen. Das wollte ich – offen gestanden – nicht. Außerdem habe ich einmal absichtlich über den Chef hinweggeblickt und so getan, als bemerke ich ihn nicht. Manches hätte er mir vielleicht verziehen, aber Anspielungen auf seine Körpergröße, auch wenn sie noch so versteckt waren, vertrug er nicht. In diesen Dingen hatte er ein Gedächtnis wie ein Elefant.

Aber das machte mir nichts. Ich kam auch so zurecht. Und wenn es hart auf hart ging, gab es so manchen CIA-Angehörigen, der mich um Hilfe bat.

Ich erinnere mich zum Beispiel noch gut, daß Jack Winslow eines Tages mit einem gewinnenden Lächeln auf den Lippen und Schweißperlen auf der Stirn zu mir kam.

»Hören Sie, Griswold«, begann er. »Heute ist eine verdammte Panne passiert. Tun Sie mir den Gefallen und sagen Sie mir Ihre Meinung zu der Sache.«

»Gern. Aber erst mal müssen Sie mir erzählen, was passiert ist. Dann sage ich Ihnen schon, was ich davon halte. Und ich werde auch nicht Ihrem Chef verraten, daß Sie bei mir gewesen sind.«

Winslow bedankte sich herzlich. Ehrlich gesagt, hätte ich, selbst wenn ich wollte, seinem Chef nie etwas verraten können, denn wir redeten nicht miteinander. Mir war das allerdings nur recht.

Winslow war und ist ein äußerst penibler Mensch. Es hätte also keinen Sinn, euch seinen Bericht von damals wörtlich wiederzugeben. Ich will mich lieber kurz fassen.

Die CIA hatte ihre Fühler bis in die Randzonen einer Organisation ausgestreckt, deren Aktionen unbedingt gestoppt werden mußten. Zu diesem Zweck hatte sie einen Kontaktmann der Gegenseite ausfindig gemacht. Winslow hätte ihn jederzeit festnehmen lassen können, aber das hätte niemandem genützt. Vermutlich wußte er sowieso nicht viel und wäre leicht ersetzbar gewesen. Hielt man ihn jedoch an der langen Leine, bestand die Möglichkeit, durch ihn an weitere Informationen über die Organisation herankommen zu können. Bis es allerdings soweit war, lag ein Stück mühseliger und schwieriger Arbeit vor ihnen, bei der immer etwas schiefgehen konnte. Aus diesem Grund befand sich Winslow in einer prekären Situation.

Als er zu mir kam, hatte er gerade eine Aktion eingeleitet, die das Ziel hatte, die Übergabe eines Gegenstandes von einer Person zu einer anderen zu beobachten. Dabei sollten zwei wichtige Informationen gewonnen werden: Einmal die, nach welchem System die Organisation eine solche Übergabe vornahm, um mehr über die Denkweise der Leute zu erfahren. Zweitens wollte man die Identität des Mannes feststellen, den die Organisation mit der Entgegennahme des Gegenstandes beauftragt hatte. Man ging nämlich davon aus, daß der sogenannte Empfänger noch wichtiger war, als der Übermittler.

Irgendwie war es Winslow und seinen Leuten gelungen, den Kontaktmann zu dieser Übergabe zu überreden. Es handelte sich dabei zwar tatsächlich um einen wichtigen Gegenstand, aber keinesfalls um einen so wichtigen, wie man die Gegenseite glauben machen wollte. Da die Herren der Organisation allerdings auch nicht dumm waren, mußte der Köder sie immerhin zum Anbeißen reizen. Ihr könnt euch also sicher vorstellen, daß der Gegenstand immerhin so bedeutend war, daß die Agenten ihn nicht eher hergeben wollten, bis sie etwas Gleichwertiges dafür bekommen hatten.

Der Clou dabei war allerdings die Form des zu übergebenden Gegenstandes. Irgendwie war es dem Staatsschutz gelungen, die Gegenseite zu überreden, ihren Kontaktmann zu veranlassen, ein zwar leichtes, aber immerhin einen Meter achtzig langes und zehn Zentimeter schmales Paket zu übernehmen. Der Gegenstand sah wie eine gut verpackte Angelrute aus, und es war praktisch unmöglich, es auf dem Transport zu verstecken oder irgendwie zu tarnen. Die Idee stammte von Winslow, und er war stolz darauf.

Der Weg des Kontaktmannes mit dem auffälligen Paket wurde von fünf an verschiedenen Standpunkten postierten Agenten verfolgt. Winslows Leute mußten dabei allerdings stets auf Distanz bleiben, da sie mit ihren strahlend weißen Hemden und schönen, grauen Filzhüten unter den Bewohnern des betreffenden Viertels sofort als Fremdkörper ausgemacht worden wären.

Der Kontaktmann betrat schließlich ein schmuddeliges Restaurant in einer schäbigen Gegend. Winslow beobachtete mit angehaltenem Atem, wie der Mann das überlange Paket mühsam durch die Tür manövrierte. Einen Augenblick sah es beinahe so aus, als würde er es abbrechen, aber dann hatte er es geschafft. Der Mann blieb genau vier Minuten und dreiundzwanzig Sekunden im Restaurant. Winslow konnte diese exakte Zeitangabe nur deshalb machen, weil er dummerweise dauernd auf die Uhr gesehen hatte, anstatt das Restaurant zu beobachten. Als der Kontaktmann dann wieder auftauchte, hatte er weder das Paket noch einen sonstigen Gegenstand bei sich, der diesem ähnelte.

Winslow und seine Leute überraschte das allerdings kaum. Nur hatten sie erwartet, daß irgendwann eine andere Person das Restaurant mit dem betreffenden Paket verlassen würde. In diesem Punkt erlebten sie jedoch eine herbe Enttäuschung. Nach zweistündigem vergeblichem Warten begann Winslow unruhig zu werden und sich zu fragen, ob sie den Mittelsmann der Organisation möglicherweise durch eine zu plumpe und offensichtliche Observation verscheucht hatten. Solange die Agenten natürlich in ihrer auffälligen Uniform herumliefen, waren Pannen dieser Art nicht auszuschließen, aber das schützte sie kaum vor dem Zorn ihres allmächtigen Chefs.

Noch schlimmer wurde die Situation allerdings, wenn es jemandem gelungen war, das einen Meter achtzig lange Paket vor ihren Augen aus dem Restaurant zu schmuggeln. Wenn dem so war, dann konnten sie alle ihren Hut nehmen.

Schließlich hatte Winslow es nicht länger ausgehalten und seine Männer in das Restaurant beordert. Dort traf sie dann der nächste Schlag.

»Es war einfach unauffindbar«, erklärte Winslow mir verzweifelt. »Dabei ist das Restaurant überhaupt nicht groß. Trotzdem war das verdammte Paket nirgends. Sobald ich das einsehen mußte, habe ich mich auf den Weg zu Ihnen gemacht. Zum Glück war mir eingefallen, daß Sie hier in der Nähe wohnen. Ich habe nur inständig gehofft, daß Sie zu Hause sind.«

»Tja, ich kann wohl davon ausgehen, daß Ihre Leute das Paket gefunden hätten, wenn's dort gewesen wäre«, seufzte ich. »Schließlich ist es einen Meter achtzig lang . . . also weder ein Diamant noch ein Mikrofilm.«

»Das Paket ist verschwunden.«

»Könnte es sein, daß es zerlegt und in Einzelteilen versteckt oder fortgeschafft worden ist?« erkundigte ich mich.

»Nein, dann hätte man den Inhalt zerbrechen müssen und damit wäre er unbrauchbar geworden«, entgegnete Winslow. »Trotzdem kann ich Ihnen auf keinen Fall sagen, was in dem Paket gewesen ist.«

»Das will ich auch gar nicht wissen«, wehrte ich ab. »Außerdem haben Sie vermutlich selbst keine Ahnung . . . Haben Sie übrigens die Gäste und das Personal des Restaurants unter die Lupe genommen?«

»Selbstverständlich. Sehr kooperativ waren die Herrschaften wirklich nicht, aber es ist ausgeschlossen, daß einer von ihnen das Paket bei sich versteckt haben könnte.«

»Haben Sie übrigens einen Durchsuchungsbefehl?« erkundigte ich mich.

Winslow wurde rot. »Wir haben für Notfälle immer einen Blankodurchsuchungsbefehl bei uns. Machen Sie sich deshalb keine Sorgen.«

Ich bin sicher, daß er damit vor Gericht nie durchgekommen wäre, aber damals hat man es noch nicht so genau genommen.

»Möglicherweise ist das Paket in das obere Stockwerk gebracht worden«, gab ich zu bedenken.

»Ein oberes Stockwerk gibt's dort gar nicht«, entgegnete Winslow. »Das schmuddelige, kleine Restaurant besteht nur aus einer Etage und ist zwischen zwei Mietshäusern eingeklemmt.«

»Dann muß es von dort einen, vielleicht sogar zwei Zugänge zu den angrenzenden Wohnhäusern geben.«

»Ausgeschlossen. Wir haben auf beiden Seiten nur solide Mauern gefunden.«

»Was ist mit dem Keller?«

»Den haben wir gründlich durchsucht. Außer Abfall und ein paar Lebensmittelvorräten war es eine Fehlanzeige.«

»Existieren vielleicht vom Keller aus Zugänge zu den angrenzenden Wohnhäusern?«

»Nein, verdammt noch mal! Ganz dämlich sind wir auch nicht, Griswold.«

»Was ist mit der Küche?«

»Da gibt's 'ne Menge Schaben, aber das, was wir suchen, haben wir dort auch nicht gefunden.«

»Hat die Küche einen Hinterausgang?« bohrte ich weiter.

»Von dort führt eine Tür auf eine dunkle Gasse hinaus, wo die Mülltonnen stehen«, erwiderte Winslow. »Aber dort hatte ich einen absolut zuverlässigen Mann postiert. Mehrere Personen sind durch diese Tür herausgekommen, haben Abfall weggeworfen und sind wieder in die Küche zurückgekehrt. Bevor Sie danach fragen, sage ich Ihnen gleich, daß wir sämtliche Mülltonnen gründlich durchsucht haben ... Das war nicht schwer, denn ein Paket von einem Meter achtzig Länge kann selbst eine Mülltonne nicht einfach verschlucken.«

»Was ist mit den Toiletten?«

»Die Toilette habe ich persönlich unter die Lupe genommen. Die beiden einzigen Kabinen waren zum Glück leer. Ich habe sogar die Urinbecken für den Fall untersucht, daß sie lose waren, und man dahinter das lange Paket in ein Loch in der Wand hätte schieben können. Außerdem hat die Toilette ein schmales, mit Schmutz und alten Farbresten verklebtes Fenster, das sich nicht öffnen läßt, und die Scheibe war intakt.«

»Wenn Ihr Kontaktmann das Paket rein-, aber nicht wieder rausgebracht hat, dann muß es noch im Restaurant sein.«

»Aber da ist es nicht. Das schwöre ich.«

»In diesem Fall muß es jemandem gelungen sein, ein einen Meter achtzig langes Paket unter den Augen von fünf Agenten hinauszuschmuggeln«, stellte ich fest.

Winslow knirschte mit den Zähnen. »Das ist schlicht unmöglich.«

»Es gibt keine andere Möglichkeit, mein Lieber.«

Aber Winslow wirkte in diesem Augenblick so elend und geknickt, daß ich mich erweichen ließ. »Schon gut, Winslow«, seufzte ich. »Ich hole die Kastanien für Sie aus dem Feuer. Ihre Karriere ist noch mal gerettet. Ich weiß, wo das Paket ist.«

Natürlich war es dort, wo es meiner Ansicht nach sein mußte. Und damit hatte ich Winslow gerettet.

Griswold saß einen Augenblick grinsend in seinem Sessel und lehnte sich dann plötzlich zurück, als wolle er ein Nikkerchen machen.

»Griswold, diesmal hast du den Bogen überspannt«, sagte ich grimmig. »Du kannst unmöglich gewußt haben, wo das Paket war. Das grenzt ja an Zauberei, mein Lieber. Vielleicht erklärst du uns das gefälligst mal.«

»Zauberei? Mann, das war die einfachste Sache der Welt. Ihr habt doch gehört, worauf diese Männer von ihrem Chef gedrillt worden sind. Sie mögen vor keiner Schießerei zurückschrecken oder tapfer eine Haussuchung ohne Durchsuchungsbefehl durchführen, aber keiner würde auch nur im Traum daran denken, etwas Unschickliches zu tun.«

»Wovon redest du eigentlich?« erkundigte ich mich.

»Auf meine Frage nach den Toiletten hatte Winslow wörtlich geantwortet: ›Ich habe die Toilette persönlich durchsucht.‹ Merkt ihr was? Er sagte die ›Toilette‹. Singular. Und damit meinte er selbstverständlich die Herrentoilette, denn er hatte ja angeblich sogar die Urinbecken geprüft. Aber es gibt ja wohl kaum ein Restaurant, das zwar eine Herren-, aber keine Damentoilette hat, oder? Diese Symmetrie gehört zu den Errungenschaften unserer Zivilisation, meine Herren. Allerdings, welcher achtbare Agent würde sich freiwillig in eine Damentoilette verirren?«

»Soll das heißen, daß der Kontaktmann das Paket dort versteckt hatte?«

»Selbstverständlich. Er hat es dort in eine Ecke gleich hinter der Tür gestellt. Nachdem Winslow und seine Leute ihre natürliche Scheu überwunden und nachgesehen hatten, haben sie es dort gefunden.«

»Und weshalb hat der Kontaktmann das Paket ausgerechnet in die Damentoilette gestellt?« wollte ich wissen.

»Nun, wie sich bei einer anderen Gelegenheit herausgestellt hat, schickte die Organisation stets eine Frau zu Übernahmen dieser Art. Es paßt also alles, findet ihr nicht?«

10.
Heiß oder kalt

Jennings tiefer Seufzer schien beinahe hohl von den ehrwürdigen Wänden der düsteren, leicht verstaubten Bibliothek des Union Clubs widerzuhallen. »Ich werde alt«, erklärte er. »Ich kann's nicht länger leugnen. Bei meinem letzten Geburtstag haben mich meine Kinder geradezu verdächtig liebevoll behandelt. Es hätte nur noch gefehlt, daß sie mir ein Kissen in den Rücken gestopft und eine Decke auf die Knie gelegt hätten.«

»Hast du Arthritis?« fragte ich ohne Mitgefühl.

»Nein.«

»Dann bist du auch nicht alt«, behauptete ich. »Alt ist man erst, wenn die Knochen knacken, wenn es beim Aufstehen und Hinsetzen weh tut und wenn man selbst im Liegen und Sitzen die Gelenke spürt. Aber solange man körperlich noch auf der Höhe ist, fühlt man sich auch mit Sechzig noch wie Zwanzig«, erklärte ich reichlich selbstgefällig. »Ich habe keine Arthritis, und kann alles tun, was Zwanzigjährige tun – vorausgesetzt ich will es. Fußballspielen will ich zum Beispiel nicht.«

»Vor Arthritis habe ich am wenigsten Angst«, warf Baranov ein. »Was ich fürchte, ist, daß man allmählich geistig abbaut. Arthritis merkt man wenigstens. Aber mit den geistigen Fähigkeiten läßt natürlich auch das Einschätzungsvermögen für die eigenen Möglichkeiten nach. Wie viele Leute sind wohl senil und dabei leider zu senil, um ihren Zustand zu erkennen?«

Automatisch schweiften unsere Blicke zu Griswold, der auf seinem angestammten Platz im Sessel saß. Sein schlohweißes Haar umrahmte das rosafarbene, verhältnismäßig glatte, faltenlose Gesicht mit dem dichten, weißen Schnurrbart, der noch vom letzten Schluck aus dem unvermeidlichen Glas Scotch mit Soda feucht glänzte.

Ohne die Augen zu öffnen, sagte Griswold: »Aus dem Geschwätz über Senilität und der plötzlichen Stille schließe ich, daß sich eure schwächlichen Gehirne gerade auf meine Person konzentrieren. Aber das hilft euch auch nichts mehr. Ihr mögt vielleicht meine ungewöhnlichen geistigen Fähigkeiten bewundern, nur wird keiner von euch je ein solches Gehirn besitzen. Natürlich kommt für uns eines Tages vielleicht die Unsterblichkeit oder zumindest die potentielle Unsterblichkeit. Wenn ich daran denke, daß wir sie heute schon haben könnten, wenn nicht – wenn nicht . . .«

Griswold drohte erneut sanft zu entschlummern, doch dem gebot ich Einhalt, das heißt, ich trat ihm unsanft auf den Fuß. »Aua!« entfuhr es Griswold und er schlug sofort die Augen auf.

»Was ist mit der Unsterblichkeit?« fragte ich.

Für die Wahrheit der Geschichte, die ich euch erzählen will, kann ich mich nicht verbürgen – begann Griswold. Hätte ich sie selbst erlebt, wäre das etwas anderes. Aber in diesem Fall habe ich die wesentlichen Teile vor einigen Jahren von einem Fremden erfahren, und bin deshalb meiner Sache nicht sicher. Es ist durchaus möglich, daß der Mann meine Gutgläubigkeit mißbraucht hat. Das allerdings hat schon so mancher versucht, der sich durch mein offenes, ehrliches Gesicht dazu verleiten ließ, mich für dumm zu verkaufen, und mußte sich dann natürlich eines Besseren belehren lassen.

Ich habe den betreffenden Herrn in einer Bar getroffen, in der ich mir die Zeit bis zum Abflug meines Flugzeugs von Chicago nach Atlanta vertrieb. Die Angelegenheit, in der ich damals unterwegs war, tut hier nichts zur Sache. Auf dem Barhocker neben mir saß ein Mann, der einen etwas heruntergekommenen Eindruck machte. Sein Anzug war zerknittert, er hatte sich mindestens zwei Tage lang nicht rasiert, und seine Schuhe waren staubig und abgelaufen.

Unsere Blicke trafen sich, und er prostete mir zu. Offenbar war er dabei, sich zu betrinken. Jedenfalls hatte er gerade genug Alkohol intus, um seine natürliche Scheu vor Fremden überwinden zu können. Er sprach mich an. »Auf Ihr Wohl, Sir. Sie haben so ein sympathisches Gesicht.« Wir tranken beide einen Schluck, und er fuhr fort: »Ein Jammer, daß Sie und ich und überhaupt alle alt werden müssen. Ich erhebe mein Glas auf alle nutzlosen, alternden Menschen der Welt.«

Er sprach wie ein gebildeter Mann, und der Unsinn, den er gerade gesagt hatte, weckte meine Neugier. »Wollen wir nicht an einen Tisch gehen, Sir?« lud ich ihn ein. »Dort könnten wir uns ungestörter unterhalten. Die nächste Runde geht dann auf meine Rechnung.«

»Einverstanden, Sir«, erwiderte der Fremde eifrig und rutschte von seinem Barhocker. »Sie sind wirklich nobel.«

Da ich das tatsächlich bin, war mir sofort klar, daß der Alkohol seinen gesunden Menschenverstand noch nicht beeinträchtigt hatte. Wir setzten uns in einer Ecke in der großen, leeren Bar an einen Tisch. Der Fremde seufzte aus tiefster Brust und sagte: »Ich bin Chemiker und heiße Brooke . . . Simon Brooke. Den Doktortitel habe ich an der Universität von Wisconsin erworben.«

»Guten Tag, Dr. Brooke«, erwiderte ich ernst. »Und ich bin Griswold.«

»Ich habe mit Lucas J. Atterbury gearbeitet«, fuhr Brooke fort. »Der Name sagt Ihnen vermutlich nichts, oder?«

»Nein, gar nichts.«

»Meiner Meinung nach ist Lucas der größte Biochemiker unserer Zeit gewesen. Er besaß zwar keine akademische Ausbildung – vermutlich hatte er nicht mal einen Collegeabschluß –, aber er hatte eine ganz natürliche Begabung. Was er anpackte, wurde in seinen Händen zu Gold. Verstehen Sie, was ich meine?«

Ich nickte.

»Ich habe das College und die Universität besucht und gelernt, wie man Probleme angeht und wie man erkennt, daß es keine Lösung gibt –, aber Lucas, der von alledem keine Ahnung hatte, saß einfach in seinem Stuhl, dachte nach und präsentierte dann genau die richtige Lösung.«

»Für Leute mit Problemen muß der Mann Millionen wert gewesen sein«, warf ich ein.

»Ja, das sollte man annehmen, was? Aber das war nicht Lucas' Art. Er hatte keine Lust, Problemen auf den Grund zu gehen, die ihm von irgend jemandem auf dem Tablett serviert wurden. Nur gelegentlich gab er sich für solche Dinge her, um seinen Lebensunterhalt und die Forschungsarbeit an der Sache zu finanzieren, die ihn wirklich interessierte.«

»Und was ist das gewesen?«

»Die Unsterblichkeit. Als wir uns kennenlernten, war er siebenundsiebzig und hatte bereits neunzehn Jahre an diesem Experiment gearbeitet. Mit sechzig hatte Lucas nämlich beschlossen, sein Leben über die normale Lebenserwartung hinaus zu verlängern.

Mit siebenundsiebzig war er allerdings auf sich selbst so wütend und kam in solche Zeitnot, daß er sich einen Assistenten nahm. Das war ich. Eigentlich hatte ich einen ganz anderen Job gesucht, aber Lucas bot mir ein gutes Gehalt, und ich glaubte, die Stelle als Sprungbrett für eine Karriere nutzen zu können. Anfangs hatte ich für den Autodidakten Lucas nur Verachtung übrig, aber das hat sich schnell geändert. Wenn er mit mir über seine Theorien sprach, benutzte er immer die falsche Terminologie, aber das tat der Logik seiner Schlüsse keinen Abbruch.

Lucas hoffte, sein Ziel doch noch zu erreichen, bevor er starb, wenn er mir die Last der Experimente überließ. Sie können sich vorstellen, wieviel ich zu tun hatte. Auf diese Weise wurde das Projekt auch für mich sehr wichtig.

Der Alterungsprozeß ist bereits in unseren Genen festgelegt. In unseren Zellen gehen unaufhaltbar Veränderungen vor, die schließlich deren Auflösung bewirken. Wenn man nun herausfinden könnte, nach welchem Prinzip diese Veränderungen stattfinden, wäre man in der Lage, sie rückgängig zu machen, oder vielmehr zu verhindern. In diesem Fall könnten wir so lange leben, wie wir wollten, und ewig jung bleiben.«

»Wenn der Alterungsprozeß, wie Sie sagen, genetisch festgelegt ist«, gab ich zu bedenken, »dann sind Alter und Tod möglicherweise ein wichtiger Bestandteil unserer Existenz, und man sollte daran nicht herummanipulieren.«

»Selbstverständlich sind beide Bestandteile unserer Existenz«, entgegnete Brooke. »Eine Evolution ist ohne die regelmäßige Ablösung zwischen der alten und jungen Generation nicht möglich. Aber darauf sind wir inzwischen nicht mehr angewiesen. Die Wissenschaft ist mittlerweile in der Lage, die Evolution zu steuern.

Jedenfalls hatte Lucas die chemische Grundsubstanz entdeckt, durch die der Alterungsprozeß ausgelöst wird, und suchte nach Mitteln und Wegen, diesen Vorgang durch chemische oder physikalische Einflußnahme rückgängig zu machen. Die richtige Behandlung der Zellen hätte dann letztendlich für den Menschen die ewige Jugend bedeutet.«

»Und woher wissen Sie, daß Lucas diese Entdeckung tatsächlich gemacht hatte?« fragte ich skeptisch.

»Ganz einfach, weil ich in den vier Jahren, die ich für Lucas gearbeitet habe, die von ihm entwickelte Substanz an Mäusen erprobt habe«, erwiderte Brooke. »Sobald ich die Flüssigkeit einer alten, sterbenden Maus injiziert hatte, vollzog sich vor meinen Augen eine sichtbare Veränderung an dem Tier, das heißt, es zeigte deutlich die Merkmale einer Verjüngung.«

»Damit war doch das Wesentliche erreicht, oder?«

»Nein, nicht ganz. Die sichtlich verjüngte Maus erfreute sich ein bis zwei Tage lustig und vergnügt ihres neuen Zustands, bis sie plötzlich starb. Die Behandlung mit Lucas' Substanz hatte also offensichtlich unerwünschte Nebenwirkungen, Lucas letzte wichtige Aufgabe war es also, diese auszuschalten. Über seine Fortschritte auf dem Gebiet hat er allerdings nie mit mir gesprochen. Strikte Geheimhaltung war bei ihm so was wie ein Tick. Er wollte alles unter Kontrolle behalten. Als er schließlich das Problem gelöst hatte, war es zu spät.«

»Wie soll ich das verstehen?«

»An dem Tag, an dem er die Lösung gefunden hatte, war er zweiundachtzig Jahre alt und erlitt einen Herzinfarkt. Ich bin sicher, daß die Erregung über den Erfolg daran schuld war. Als die Ärzte ihn einen Augenblick allein ließen, winkte er mich zu sich. Er war sehr schwach und konnte kaum noch sprechen. ›Ich hab's‹, flüsterte er undeutlich. ›Machen Sie weiter. Die Präparate D-27 und D-28. Mischen Sie sie, nachdem beide über Nacht bei . . .‹ Seine Stimme drohte zu versagen. ›Bei vierzig Grad . . .‹

Der Rest war unverständlich. Ich wußte allerdings, was hinter der Bezeichnung »vierzig Grad« nur kommen konnte und fragte: ›Celsius oder Fahrenheit?‹ Lucas flüsterte jedoch nur mit schwacher Stimme: ›Noch heute ... sonst ... sonst ...‹ ›Fahrenheit oder Celsius?‹ drängte ich weiter. Es folgte eine Pause. Dann murmelte Lucas etwas, das so klang wie ›Ist egal!‹ Anschließend fiel er ins Koma, und am darauffolgenden Tag starb er.

Da stand ich nun«, seufzte Brooke. »Ich hatte zwei Lösungen, die nur eine Haltbarkeit von vierundzwanzig Stunden besaßen. Es mußte mir also innerhalb dieses Zeitraums gelingen, die richtige Mischung herzustellen und mir zu injizieren, wenn ich die ewige Jugend erreichen wollte. Ich war bereit, dieses Risiko einzugehen, denn es gab mir die Chance, so lange zu leben, bis ich das Geheimnis entdeckt hatte und somit der Allgemeinheit dienen konnte – oder wenigstens selbst ewig jung zu bleiben. Das Problem war jedoch, daß ich die wichtigste Angabe für eine korrekte Aufbereitung der Lösungen nicht kannte, nämlich die Temperatur, bei der sie stattfinden sollte.«

»Beteht denn da ein Unterschied?« erkundigte ich mich.

»Selbstverständlich. Vierzig Grad Celsius bedeuten vierzig Grad über dem Gefrierpunkt des Wassers, der bei null Grad angesetzt ist. Jeweils zehn Grad Celsius entsprechen achtzehn Grad Fahrenheit. Also wären vierzig Grad Celsius über dem Gefrierpunkt viermal achtzehn und somit zweiundsiebzig Grad Fahrenheit. Da jedoch bei Fahrenheit der Gefrierpunkt bei zweiunddreißig Grad Fahrenheit liegt, müssen wir zweiunddreißig und zweiundsiebzig zusammenzählen und erhalten einhundertvier Grad. Aus diesem Grund entsprechen vierzig Grad Celsius hundertvier Grad Fahrenheit.

Für mich stellte sich nun die Frage, ob ich vierzig Grad Fahrenheit, was verhältnismäßig kalt ist, oder die wesentlich wärmere Temperatur von vierzig Grad Celsius benutzen sollte. Heiß oder kalt, das war mein Problem. Und weil ich mich einfach nicht für das eine oder andere entschließen konnte, verdarben die Lösungen, und ich hatte meine Chance endgültig verspielt.«

»Wußten Sie denn nicht, welches Thermometer Lucas normalerweise benutzte?« erkundigte ich mich.

»Wissenschaftler arbeiten ausschließlich mit der Celsius-Skala«, erwiderte Brooke. »Aber Lucas war eigentlich kein akademischer Wissenschaftler. Er benutzte jeweils die Skala, die ihm gerade geeignet erschien. Man konnte bei ihm also nie sicher sein.«

»Was könnte er wohl mit den Worten ›Ist egal‹ gemeint haben?«

»Keine Ahnung. Er lag immerhin im Sterben, spürte, daß ihm das Leben entglitt. Und in diesem Zustand hatte für ihn vermutlich nichts mehr Bedeutung. Mein Gott, weshalb hat er sich denn nicht ein bißchen klarer ausgedrückt? Das Geheimnis der ewigen Jugend ist für immer verloren, nur weil er keinen deutlichen Unterschied zwischen Celsius und Fahrenheit gemacht hat.«

Brooke, der mittlerweile ziemlich betrunken war, ahnte nicht das wahre Ausmaß der Tragik, denn die Angaben des Sterbenden waren eigentlich völlig eindeutig gewesen – wie ihr sicher längst gemerkt habt.

Griswold lehnte sich erneut gemütlich in seinen Sessel zurück, als sei die Angelegenheit damit für ihn erledigt. Aber Baranov packte ihn geistesgegenwärtig am Handgelenk. »Willst du vielleicht behaupten, du hättest gewußt, welche Skala dieser Lucas gemeint hat?« fragte er aufgebracht.

»Selbstverständlich«, erwiderte Griswold ärgerlich. »Es ist doch ganz klar. Wenn man vierzig Grad sagt und anschließend Unverständliches murmelt, dann muß das nicht unbedingt entweder ›Fahrenheit‹ oder ›Celsius‹ bedeuten. Es gibt eine dritte Alternative.«

»Und die wäre?« wollte ich prompt wissen.

»Lucas könnte ebensogut ›vierzig Grad unter Null‹ gesagt haben.«

»Na und wenn schon?« warf Jennings ein. »Damit wüßten wir noch immer nicht, ob Fahrenheit oder Celsius gemeint waren.«

»Aber natürlich, mein Lieber«, widersprach Griswold. »Ihr habt doch vorhin gehört, daß vierzig Grad Celsius zweiundsiebzig Grad Fahrenheit entsprechen. Daraus folgt, daß vierzig Grad Celsius unter dem Celsius-Gefrierpunkt von null Grad zweiundsiebzig Grad unter zweiunddreißig Grad Fahrenheit, dem Gefrierpunkt auf der Fahrenheit-Skala entsprechen. Aber zweiundsiebzig Grad unter der Marke von zweiunddreißig Grad ergeben vierzig Grad unter null Grad Fahrenheit.

Vierzig Grad Celsius unter null sind also gleich vierzig Grad unter Null auf der Fahrenheit-Skala. Wenn man also von ›vierzig Grad unter Null‹ spricht, dann ist es bedeutungslos, ob man Celsius oder Fahrenheit meint. Vierzig Grad ist übrigens die einzige Temperatur, bei der das keine Rolle spielt. Und deshalb hat Lucas auch ›Ist egal‹ gesagt. Brooke hat das leider nie kapiert, und ich glaube kaum, daß er oder irgendein anderer die geistigen Fähigkeiten besitzt, das Geheimnis dieser die ewige Jugend erhaltenden Substanz noch zu unseren Lebzeiten zu ergründen. Also bleibt uns nichts anderes übrig, als weiter alt zu werden.«

11.
Seite 13

An jenem besonderen Abend herrschte im Union Club eine gedrückte Stimmung. Nachdem ich die erste Seite der Zeitung kurz überflogen hatte, warf ich sie auf den Tisch.

»Nichts Neues über die Situation der Geiseln im Iran«, sagte Baranov, der meine Gedanken erraten zu haben schien, und verstummte nach diesem nutzlosen Kommentar.

»Hätten wir nur sämtliche Mitglieder der amerikanischen Botschaft schon eine Woche vor der Machtübernahme Chomeinis aus dem Iran abgezogen«, seufzte Jennings wehmütig. »Es wäre das einzig Richtige gewesen. Vermutlich ist eine Falschinformation durch die Geheimdienste an allem schuld.«

»Quatsch«, wehrte ich ab. »Die Lage mußte auch ohne Geheimdienstinformationen jedem klar sein. Wir wußten, wie die Stimmung im Iran war und daß wir zulassen würden, daß der Schah in New York behandelt wird. Wir hätten unbedingt . . .«

Jetzt endlich öffnete Griswold ein Auge und musterte mich ärgerlich. »Idiot«, murmelte er. »Ihr redet über Dinge, von denen ihr nichts versteht. Es gab überhaupt keinen Grund zu der Annahme, daß eine so flagrante Verletzung des Völkerrechts geschehen würde. Selbst die Nazis haben sich wenigstens in dieser Beziehung immer korrekt verhalten. Außerdem kann man eine Evakuierung nicht von heute auf morgen durchführen. Dazu sind Zeit und eine sorgfältige Vorbereitung nötig. Hätten wir den Abzug unserer Botschaftsmitglieder betrieben, und der – übrigens perfekt gesteuerte – persische Mob hätte die Botschaft gestürmt, hätte jeder behauptet, es sei nur passiert, weil wir die Evakuierung vorbereitet haben. Aber natürlich sind die Möglichkeiten unserer Geheimdienste nicht ganz ausgeschöpft worden, wie Jennings bereits richtig angedeutet hat.«

Jennings lächelte geschmeichelt. »Dann gibst du also zu, daß auch Geheimdienste versagen können?«

»Selbstverständlich«, antwortete Griswold, trank einen Schluck Scotch mit Soda und wischte sich anschließend genüßlich den Schnurrbart. »Weil ich inzwischen pensioniert bin«, fügte er hinzu. »Natürlich kamen auch während meiner Dienstzeit Pannen vor – allerdings nur dann, wenn ich nicht rechtzeitig eingreifen konnte. Zum Beispiel damals . . .«

Ich habe immer die Ansicht vertreten – begann Griswold –, daß die englische Sprache die Schuld daran trägt, daß die Tet-Offensive eine solche Überraschung für uns war. Vom militärischen Standpunkt aus kennzeichnete sie den Wendepunkt im Vietnamkrieg. Politisch gesehen, war sie der Anfang vom Ende von Präsident Johnson. Sie hat den Siegesglauben des amerikanischen Volkes gebrochen und schließlich den Abzug unserer Truppen notwendig gemacht. Und das alles nur, weil eine Person auf ihre englischen Sprachkenntnisse stolz war, und andere nicht hören wollten.

Um alles besser verstehen zu können, müßt ihr die Schwierigkeiten begreifen, die sich beim Umgang mit Geheimnachrichten ergeben. Selbst wenn eine Nachricht die korrekte Einschätzung einer Lage beinhaltet und unter Einhaltung sämtlicher Sicherheitsvorkehrungen abgeschickt worden ist,

ist nicht gewährleistet, daß sie den Empfänger erreicht, oder wenn sie ankommt, ob sie korrekt interpretiert wird, und wenn sie richtig interpretiert wird, ob man ihr auch Glauben schenkt. Stalins Spione in Deutschland zum Beispiel haben den Diktator rechtzeitig über Hitlers Pläne, Rußland anzugreifen, informiert. Nur hat Stalin sich geweigert, den Berichten zu glauben.

Außerdem hat die hochentwickelte Technik der Dechiffrierung das Übermitteln geheimer Nachrichten so schwierig gemacht, daß die zahlreich getroffenen Sicherheitsvorkehrungen einem Erfolg manchmal sogar im Wege stehen.

Eine Möglichkeit, die Dechiffrierung zu erschweren ist die, zwei Nachrichten abzuschicken, von denen die eine oder die andere völlig bedeutungslos ist. Wird nun eine der beiden Meldungen vom Feind abgefangen, ist sie unbrauchbar. Gelingt es der Gegenseite, beider Meldungen habhaft zu werden, nützt ihr das erst dann etwas, wenn sie die Zusammengehörigkeit der Nachrichten erkennt. Im übrigen hat dieses System den Vorteil, daß mindestens eine Nachricht nicht besonders kompliziert verschlüsselt werden muß.

Angenommen, eine Meldung kann nur mit Hilfe eines für diesen Fall willkürlich ausgewählten Schlüsselwortes dechiffriert werden, und das Schlüsselwort wird dem Nachrichtenempfänger getrennt und auf anderem Weg übermittelt.

Wenn man ein Schlüsselwort aus zehn Buchstaben des Alphabets auswählt und bedenkt, daß es dann fast genau eine Billion Kombinationsmöglichkeiten gibt, ist die Wahrscheinlichkeit, daß das Schlüsselwort durch Zufall entdeckt wird, praktisch ausgeschlossen. Und niemandem wird die Idee kommen, alle Möglichkeiten auszuprobieren.

Wie wählt man nun das Schlüsselwort aus? Eine, nicht aber die einzige Möglichkeit ist, jeweils ein Wort mit zehn Buchstaben aus einem Buch auszuwählen, über das man sich zuvor geeinigt hat und das man regelmäßig wechselt. Anschließend wird die Nachricht mit diesem Codewort und einem Chiffriergerät verschlüsselt und das Codewort dem Empfänger getrennt übermittelt. Der erhält dann zum Beispiel nur eine kurze Nachricht wie »73/12«, was Seite 73, Zeile 12 bedeutet. Schlägt der Empfänger das für die betreffende Woche geltende Buch auf dieser Seite auf und sucht je nach Vereinbarung die ersten oder letzten Buchstaben der angegebenen Zeile aus, dann besitzt er den Schlüssel zur Dechiffrierung der Meldung.

Natürlich kann es sein, daß eine der beiden Nachrichten aus irgendeinem Grund nicht ankommt, aber noch viel frustrierender ist es, wenn beide Meldungen zwar eingetroffen sind, sie aber dennoch keinen Sinn ergeben.

So etwas Ähnliches ist im Januar 1968 passiert, und das war fatal.

Im wesentlichen war folgendes geschehen: Unser Hauptquartier in Saigon erhielt aus Hue eine Nachricht übermittelt. Der Absender war einer unserer besten Agenten, ein Vietnamese, der mit Herz und Seele auf unserer Seite stand und über ausgezeichnete englische Sprachkenntnisse verfügte, was er normalerweise nicht zeigen durfte. Er kooperierte zur Tarnung mit dem Vietkong, und ihr könnt euch vorstellen, was er dabei riskierte.

Natürlich hatte er sein Chiffriergerät und die Bücher, die er zur Bestimmung des Schlüssels benutzte, gut versteckt. Bei den Büchern handelte es sich um gängige britische Taschenbuchthriller, mit deren Hilfe er seine Sprachkenntnisse ständig verbesserte. Unser Agent war sehr stolz auf sein Englisch, eine Tatsache, der man in Saison leider zu spät Beachtung schenkte. Wenn er sich mit unseren Leuten traf, war er stets bemüht, seinen reichen Schatz an englischen Idiomen, Redewendungen und Wortspielereien anzubringen. Er beherrschte unsere Muttersprache weitaus besser als unsere Leute, und ich kann mir vorstellen, daß sie ihm vermutlich nur ungeduldig, oder wie ich stark vermute, überhaupt nicht zugehört haben – was sich als fataler Fehler herausstellen sollte.

In Saigon erhielt man jedenfalls Nachricht und Schlüssel. Letzterer schien eindeutig zu sein. Nachdem man ihn von irreführenden Verbrämungen befreit hatte, lautete er: »13teS/2teZ«. Daraus schloß man verständlicherweise, daß die zweite Zeile auf der dreizehnten Seite gemeint war. Man suchte die ersten zehn Buchstaben in der zweiten Zeile auf Seite dreizehn heraus und fütterte es zusammen mit der

Nachricht in den Computer. Heraus kam ein völlig sinnloses, unverständliches Durcheinander.

Zuerst glaubte man an einen Fehler bei der Computereingabe und wiederholte die Prozedur mehrmals ohne Erfolg. Schließlich gelangte man zu der Überzeugung, der Agent müsse ein falsches Buch benutzt haben, und schickte eine Nachricht mit Bitte um Bestätigung der Meldung nach Hue. Das kostete natürlich Zeit. Als die Antwort ausblieb, sandte man einen Kurier. Ihr könnt euch sicher denken, was er herausfand.

Seit jenem Morgen, an dem er die Nachricht an Saigon abgeschickt hatte, war unser Agent verschwunden. Und soviel ich weiß, ist er nie wieder aufgetaucht. Wir dürfen also annehmen, daß der Vietkong ihn schließlich doch entlarven konnte. Es war im Januar 1968, und in Anbetracht dessen, was noch geschehen sollte, war es im nachhinein kaum verwunderlich, daß sich der Vietkong offenbar in erhöhter Alarmbereitschaft befand. Deshalb war unser Agent vermutlich auch entdeckt worden.

Es stellte sich nun für das Hauptquartier in Saigon die Frage, was man mit der nicht zu entschlüsselnden Nachricht tun sollte.

Es gab zwei Alternativen. Die erste war, sie einfach zu ignorieren, so zu tun, als habe man sie nie erhalten.

Allerdings war die Meldung nachweislich in Saigon eingetroffen. Und falls sie – wie sich später ja auch tatsächlich herausstellte – eine wichtige Information enthielt, waren die Folgen für denjenigen, der beschlossen hatte, die Nachricht zu ignorieren, nicht abzusehen. Die Leute in Saigon wollten auf keinen Fall zum Sündenbock abgestempelt werden und suchten deshalb nach einem Ausweg.

Den fanden sie auch. Einer ihrer Kollegen hatte Urlaub, und er beschloß, ihn in den USA zu verbringen. Er kam nach Washington und überbrachte der Abteilung die Nachricht. Nun hatten die sich darum zu kümmern.

Die Abteilung war zuerst ebenso hilflos wie die Kollegen in Saigon. Man zerbrach sich die Köpfe, diskutierte endlos, wagte es jedoch nicht, die Nachricht einfach beiseite zu legen. Sie hatten den Kopf in der Schlinge. Im Gegensatz zu den Saigon-Leuten hatten sie keine Möglichkeit, den Schwarzen Peter anderen weiterzugeben.

Zwei Wochen verstrichen, bevor jemand endlich sagte: »Fragen wir doch mal Griswold.«

Ich hatte Verständnis für ihr langes Zögern. Sie kannten vor allem meine Meinung über den Vietnamkrieg und trauten mir daher in allem, was damit zusammenhing, nicht recht. Aber inzwischen hatten sie keine andere Wahl mehr. Wären sie nur schon drei Tage früher zu dieser Einsicht gelangt.

Sie kamen zu mir und legten mir das Problem mit der Absicht vor, von mir als Sachverständigen bestätigt zu bekommen, daß es sich um eine völlig sinnlose Nachricht handelte, mit der niemand etwas anfangen konnte. Dabei hatten sie natürlich den Hintergedanken, daß, falls es zum Schlimmsten kommen würde, man mir die Haut abziehen würde.

Bevor ich mich jedoch dazu hergab, verlangte ich den Mann aus Saigon zu sprechen, der noch immer auf Heimaturlaub in den Staaten war.

»Erzählen Sie mir von Ihrem Agenten aus Hue«, bat ich ihn. »Sind Sie sicher, daß man ihn gefaßt und ermordet hat, und daß er nicht heimlich von Anfang an mit dem Vietkong gemeinsame Sache gemacht hat? Könnte es nicht sein, daß er genug davon hatte, für die Amerikaner den Agenten zu spielen, diese sinnlose Nachricht abgeschickt und sich endgültig seinen Freunden angeschlossen hat?«

»Nein, das halte ich für unmöglich«, entgegnete der Mann aus Saigon. »Er hatte Frau und Kinder auf grausame Weise in Nordvietnam verloren und Rache geschworen. Außerdem«, fuhr er grinsend fort, »außerdem war er geradezu versessen darauf, perfekt englisch zu sprechen. Ich glaube, dieser Tick hat ihn enger an uns gebunden als alles andere. Die Chance, Amerikanern und Engländern gelegentlich Lektionen über deren Muttersprache zu erteilen, hätte er um nichts in der Welt aufgegeben. Natürlich haben wir ihm meistens überhaupt nicht zugehört. Bei unseren seltenen, heimlichen Zusammentreffen hat er meine Nerven ganz schön strapaziert.«

»Inwiefern? Können Sie Beispiele erzählen?«

»Nein, ich erinnere mich kaum noch. Jedenfalls hat er ständig behauptet, jede Sprache verfüge über viele Doppeldeutigkeiten. Die Menschen seien jedoch an ihre Muttersprache so gewöhnt, daß niemand darauf achte.«

»Hat er diese Meinung anhand von Beispielen erläutert?« fragte ich.

»Ich kann mich nicht erinnern.«

»Na schön. Wir haben hier also die Nachricht ›13teS/2teZ‹«, fuhr ich fort. »Weshalb die zusätzlichen Buchstaben? Hätte ›13/2‹ nicht genügt?«

»Moment mal«, erwiderte der Mann aus Saigon überrascht. »Er hat diese Kombination eigentlich auch immer benutzt. Aber jetzt, nach Ihren Fragen, fällt mir ein, daß er behauptet hat, sie sei doppeldeutig.«

»Die Kombination ›13/2‹?«

»Ja.«

»Und warum?«

»Ich glaube – also ich glaube, das hat er nicht gesagt.«

»Könnte er dann nicht diese Version benutzt haben, um zu beweisen, daß die andere doppeldeutig ist?«

»Nein, das kann ich mir nicht vorstellen. Schließlich bleibt die Information mit oder ohne Buchstaben dieselbe. Dreizehnte Seite, zweite Zeile.«

»Das ist ein Irrtum«, entgegnete ich und erklärte es ihm. Er starrte mich entgeistert an.

Natürlich hatte ich recht. Mit dem neuen Schlüssel ließ sich die Nachricht mühelos dechiffrieren, und alle Einzelheiten der bevorstehenden Tet-Offensive lagen vor uns.

Nur leider stand die Tet-Offensive an diesem Tag nicht mehr bevor. Sie hatte bereits begonnen und uns völlig unvorbereitet getroffen.

»Sag mal, wovon redest du überhaupt?« erkundigte ich mich verständnislos, als Griswold seine ganze Aufmerksamkeit seinem Drink zuwandte und sich tief in Gedanken versunken in seinem Sessel zurücklehnte. »Was soll ›13teS/2teZ‹ denn schon bedeuten, wenn nicht dreizehnte Seite, zweite Zeile?«

»Das ist richtig«, erwiderte Griswold. »Genau das bedeutet es. Und sie haben auch das richtige Buch benutzt. Dem

Agenten wurde lediglich klar, daß diese Bezeichnung doppeldeutig sein und zu Fehlinterpretationen führen konnte. Und jeder, der ein bißchen darüber nachdenkt, muß eigentlich erkennen, wie er darauf gekommen war.«

»Also ich muß passen«, erklärte ich.

»Denk doch mal nach. Die Zeilen auf einer Buchseite sind nicht numeriert. Aus diesem Grund bedeutet ›zweite Zeile‹ die zweite Zeile von oben. Buchseiten dagegen sind numeriert, und das stiftet eben Verwirrung, weil die dreizehnte Seite nicht notwendigerweise auch Seite dreizehn sein muß.«

»Griswold, jetzt hast du endgültig den Verstand verloren«, mischte sich Baranov heftig ein. »Die dreizehnte Seite ist doch Seite dreizehn, oder?«

»Wie ich sehe, hast du ein Taschenbuch in deiner Jackentasche«, sagte Griswold. »Also sehen wir doch gleich mal nach. Nimm es bitte heraus und schlag die erste Seite des Romans auf, ja. Hast du's? Ist das die erste Seite? Gut. Ist es auch Seite eins?«

»Hm, nein. Es ist Seite neun«, antwortete Baranov ziemlich kleinlaut.

»Ganz richtig«, seufzte Griswold. »Bei Taschenbuchausgaben fängt die eigentliche Geschichte nicht mit Seite eins an. Man zählt die Titelei, die Inhaltsangabe, eine eventuelle Widmung und so weiter mit, paginiert sie aber nicht. Aus diesem Grund fängt das Kapitel manchmal mit Seite fünf, sieben, neun oder elf an, je nachdem, wie lange der Vorspann ist.

In diesem Fall ist Seite dreizehn die dreizehnte Seite des Buches, aber keinesfalls die dreizehnte Seite der in ihm enthaltenen Geschichte. Genau das hat den Agenten aus Hue nicht losgelassen. Er hat es zwar auch den anderen zu erklären versucht, doch niemand wollte ihm zuhören. So hat er in seinem Starrsinn ›13teS/2teZ‹ an Saigon durchgegeben, um damit auszudrücken, daß er nicht Seite dreizehn meinte, sondern die dreizehnte Seite des jeweiligen Romans. Und diese fiel auf Seite einundzwanzig. Als man die ersten zehn Buchstaben der zweiten Zeile dieser Seite benutzte, um die Nachricht zu dechiffrieren, kam die richtige Meldung heraus – leider zu spät.«

12.
Das Zahlenspiel

Manchmal hat man Griswold einfach satt. Wenigstens geht mir das so.

Ich mag ihn eigentlich. Mir gefällt der alte Gauner, der noch im Schlaf jeder Unterhaltung folgen kann, endlos Scotch mit Soda trinkt, lügt und uns unter den buschigen Augenbrauen wütend anstarrt. Aber wenn ich ihn nur einmal tatsächlich der Lüge überführen könnte, hätte ich ihn wirklich gern.

Natürlich ist es möglich, daß er die Wahrheit sagt. Aber es kann wohl kaum einen Menschen auf dieser Welt geben, den man mit der Lösung so vieler absurder Probleme beauftragt. Das glaube ich einfach nicht. Ich glaube ihm nicht.

Ich saß an jenem Abend im Union Club. Der Wind peitschte den Regen gegen die Fenster und dämpfte die Verkehrsgeräusche auf der Park Avenue. Die letzten Worte hatte ich offenbar laut ausgesprochen.

»Wem glaubst du nicht?« fragte jedenfalls Jennings.

Jennings Bemerkung traf mich völlig unerwartet, und ich deutete automatisch auf Griswold. »Ihm«, antwortete ich. »Ihm.«

Eigentlich hatte ich mit einem wütenden Blick Griswolds in meine Richtung gerechnet, doch dieser schien tief und friedlich im großen Ohrensessel zu schlafen. Sein prächtiger Schnurrbart bewegte sich jedenfalls im Rhythmus seiner regelmäßigen Atemzüge.

»Das ist doch Unsinn«, warf Baranov ein. »Du hörst ihm doch gern zu.«

»Darum geht es gar nicht«, entgegnete ich. »Denk nur mal an all die tollen Tips, die er dauernd von Leuten auf dem Sterbebett kriegt. Wie oft sterben schon Menschen und hinterlassen noch mysteriöse Hinweise auf die Person ihres Mörders? Im richtigen Leben ist das wohl noch nie passiert – aber Griswold scheint das ständig erlebt zu haben. Es ist eine Beleidigung, von uns zu erwarten, daß wir das glauben.«

In diesem Moment öffnete Griswold ein stahlblaues Auge und sagte: »Der erstaunlichste Hinweis, den ich je von einem Sterbenden bekommen habe, hatte mit Mord überhaupt nichts zu tun. Es handelte sich um einen ganz natürlichen Todesfall – aber ich will euch mit der Geschichte nicht langweilen.« Er schlug auch das zweite Auge auf und führte das Glas Scotch mit Soda an die Lippen.

»Los, erzähl schon!« forderte Jennings ihn auf. »Es interessiert uns. Wenigstens uns zwei.«

Wenn ich ehrlich sein soll, mich interessierte es auch ...

Was ich euch jetzt erzähle – begann Griswold –, hat weder mit Verbrechen oder Polizei, mit Spionen oder Geheimagenten etwas zu tun. Eigentlich gab es keinen Grund, weshalb ich in die Sache verwickelt werden sollte, aber einer der leitenden Herren kannte meinen Ruf. Ich habe keine Ahnung, wie sich diese Dinge immer herumsprechen. Schließlich rede ich nie über die kleinen Erfolge in meinem Leben. Ich habe Wichtigeres zu tun. Die anderen können aber offenbar den Mund nicht halten. Und da man mich mit allen kniffligen Problemen im Umkreis von mindestens zweitausend Kilometern belästigt, habe ich natürlich auch so viele Geschichten zu erzählen – fügte Griswold mit einem bissigen Blick auf mich hinzu.

In diesem Fall wurde ich allerdings erst eingeschaltet, als schon fast alles vorüber war. Deshalb will ich euch in der mir eigenen Knappheit das Wesentlichste erzählen.

Ich nenne weder das Institut mit Namen, in dem sich alles abspielte, noch sage ich euch, wo und wann die Sache passiert ist. Genauere Angaben würden euch natürlich Gelegenheit geben, den Wahrheitsgehalt meiner Geschichte zu prüfen, und das will ich verhindern. Ich finde es nämlich reichlich unverschämt, die Richtigkeit meiner Ausführungen in Zweifel zu ziehen.

Jedenfalls arbeitete man in dem betreffenden Institut an einem Computer mit den Eigenschaften der menschlichen Persönlichkeit. Es sollte ein Programm erstellt werden, das es einem Computer ermöglichte, eine durchaus kreative Unterhaltung zu führen, in deren Verlauf nicht erkennbar werden sollte, daß es sich bei einem der Partner um eine Maschine handelte.

Soviel ich erfahren konnte, glaubte eigentlich kein einziger im Institut an den Erfolg dieses Projekts. Man nutzte schließlich den bloßen Versuch, so viel wie möglich Informationen über Denkweise, Gefühle und die Persönlichkeit des Menschen zu sammeln.

Und bis auf – nun nennen wir ihn Horatio Trombone – machte auch keiner bei der Arbeit nennenswerte Fortschritte.

Trombone jedoch hatte ein Programm entwickelt, das es einem Computer ermöglichte, über eine längere Zeit auf die unterschiedlichsten Fragen durchaus vernünftig zu antworten. Natürlich hätte niemand diesen Computer auf Grund des Programms mit einem menschlichen Wesen verwechselt, aber Trombone war immerhin wesentlich weiter gekommen als alle anderen. Schon aus diesem Grund weckte sein Programm große Neugier.

Aber Trombone verriet nichts. Er schwieg sich aus, arbeitete ganz allein, verzichtete auf Assistenten und Schreibkräfte, und ging sogar soweit, bis auf einige wichtige Details, die er in seinem Safe aufbewahrte, sämtliche Aufzeichnungen zu vernichten. Erklärtermaßen war es seine Absicht, sein Programm so lange für sich zu behalten, bis er mit seiner Arbeit zu zufriedenstellenden Ergebnissen gekommen war. Dann allerdings wollte er an die Öffentlichkeit gehen und den Ruhm genießen, den er verdient hatte. Seinem Verhalten hätte man entnehmen können, er erwarte zuallererst, den Nobelpreis verliehen zu bekommen, um von da an in nie geahnte Höhen des Wissenschaftlerdaseins aufzusteigen.

In den Augen seiner Kollegen am Institut grenzte seine Schrulligkeit an Wahnsinn, womit sie vielleicht gar nicht so unrecht hatten. Aber falls er verrückt war, war er verrückt und genial zugleich, und seine Vorgesetzten ließen ihn aus Angst gewähren, sie könnten möglicherweise seinen großen Durchbruch verhindern oder später in der Geschichte der Wissenschaft als kleinkarierte Idioten dastehen.

Trombones unmittelbarer Vorgesetzter, den ich hier Hebert Bassoon nennen möchte, hatte öfters Auseinandersetzungen mit seinem schwierigen Untergebenen. »Trombone«, sagte Bassoon gelegentlich, »glauben Sie nicht, wir würden schneller Fortschritte machen, wenn mehrere intelligente Leute an diesem Projekt arbeiten würden?«

»Unsinn!« wehrte Trombone scharf ab. »Ein intelligenter Mensch läuft nicht schneller, nur weil ihm zwanzig Idioten dicht auf den Fersen sind. Außer mir gibt es an diesem Institut nur noch einen brauchbaren Kopf, und wenn ich sterben sollte, ohne mein Ziel erreicht zu haben, kann er weitermachen. Im Fall meines Todes hinterlasse ich ihm, und nur ihm, meine Aufzeichnungen.«

Soviel ich erfahren habe, hat Trombone bei dieser Bemerkung meistens gekichert. Offenbar hatte er Humor.

Dabei war die Möglichkeit, daß Trombone sterben würde, gar nicht so gering, denn sein Herz arbeitete nur noch auf Halbmast. Er hatte bereits drei Herzinfarkte hinter sich, und die Ärzte waren der Ansicht, daß ihn eine vierte Attacke umbringen würde. Obwohl sich Trombone bewußt war, daß sein Leben an einem seidenen Faden hing, ließ er sich nie dazu hinreißen, den Namen seines designierten Nachfolgers bekanntzugeben. Auch aus seinem Verhalten konnte man keine diesbezüglichen Rückschlüsse ziehen. Trombone schien es zu genießen, alle in Ungewißheit lassen zu können.

Trombone erlitt den vierten Herzinfarkt bei der Arbeit und starb. Da er zu diesem Zeitpunkt allein gewesen war, konnte ihm niemand mehr helfen. Er war nicht sofort tot und fand noch Zeit, seinem Computer einige Instruktionen einzugeben. Wenigstens fand man am Computer einen dementsprechenden Ausdruck.

Trombone hatte bei seinem Anwalt ein Testament hinterlegt, das exakte Anweisungen enthielt. Der Anwalt besaß die Kombination des Safes, in dem Trombone seine Aufzeichnungen verwahrte, und diese Kombination sollte keinem anderen als dem von Trombone selbst ausgewählten Nachfolger übergeben werden. Auch der Anwalt kannte den Namen des Nachfolgers nicht, aber das Testament enthielt den Vermerk, daß es einen Hinweis auf die betreffende Person geben werde. Falls die Kollegen am Institut jedoch zu dumm waren, diesen zu verstehen, schrieb Trombone in seinem Testament, sollten seine Aufzeichnungen nach spätestens einer Woche vernichtet werden.

Der einzige Anhaltspunkt für die Lösung des Rätsels war der Computerausdruck, den man neben dem Toten gefunden hatte, und der die vollständige Zahlenfolge von 1 bis 999 enthielt. Keine einzige Zahl fehlte.

Bassoon vertrat die Ansicht, daß keinesfalls sicher sei, daß es sich bei diesem Ausdruck um den angekündigten Hinweis handelte. Trombone könne etwas Komplizierteres als einfache Zahlenkolonnen im Sinn gehabt haben, jedoch vor der vollständigen Ausführung durch den Tod unterbrochen worden sein. Aus diesen Gründen hielt Bassoon das Testament für ungültig.

Der Anwalt wehrte diese Theorie jedoch als bloße Spekulation ab und bestand darauf, daß der Ausdruck als vollständiger Hinweis betrachtet werden müsse, solange nicht das Gegenteil bewiesen sei.

Bassoon rief seine zwanzig besten Mitarbeiter und Mitarbeiterinnen zusammen, die alle Trombones Arbeit hätten fortführen können. Jeder einzelne von ihnen hätte diese Chance liebend gern wahrgenommen, aber niemand konnte einen stichhaltigen Beweis dafür geltend machen, daß Trombone ihn für den Intelligentesten gehalten hatte.

Davon abgesehen war auch niemand in der Lage, eine Verbindung zwischen den langweiligen Zahlenkolonnen auf dem Computerausdruck und einem Institutsangehörigen herzustellen.

Bassoon begann langsam nervös zu werden. Am letzten Tag der Frist, als er keine Möglichkeit mehr sah, das Rätsel um Trombones Nachfolge doch noch zu lösen, wandte er sich an mich. Ich war zwar gerade sehr beschäftigt, kannte Bassoon jedoch flüchtig und sagte ihm zu, mich um die Angelegenheit zu kümmern. Eine Bitte um Hilfe konnte ich noch nie ausschlagen, besonders dann nicht, wenn die entsprechende Person so verzweifelt schien wie Bassoon.

Wir trafen uns in Bassoons Büro. Er erzählte mir niedergeschlagen die ganze Geschichte. »Es ist zum Verrücktwerden«, schloß er. »Da hätte man nun einen enormen Vorsprung in der Erforschung des menschlichen Gehirns erzielt, wenn einem nicht ein verrückter Exzentriker, ein sturer Anwalt und ein dämliches Stück Papier alle Chancen wieder zunichte machen würden. Aber ich kann es leider nicht verhindern.«

»Vielleicht war es ein Fehler, sich auf die Zahlen zu konzentrieren«, entgegnete ich. »Ist an dem Ausdruck sonst noch etwas ungewöhnlich?«

»Nein, das schwöre ich«, antwortete Bassoon bestimmt. »Es handelt sich um ein weißes, ganz normales Stück Papier, auf dem lediglich die Zahlen von 1 bis 999 stehen. Bis auf eine Neutronenspektroskopie haben wir praktisch alles mit den Zahlen gemacht, und ich glaube, ich würde die auch noch durchführen lassen, wenn ich annehmen könnte, sie würde was helfen. Wenn Sie mir jetzt sagen, ich soll's versuchen, dann tu' ich's. Aber von Ihnen kann ich vermutlich etwas Besseres erwarten. Also, los Griswold! Sie genießen den Ruf, einfach jedes Rätsel lösen zu können.«

Ich habe keine Ahnung, woher er seine Informationen über mich hatte. Ich spreche schließlich nie über diese Dinge.

»Wir haben nicht mehr viel Zeit«, begann ich.

»Ich weiß«, seufzte Bassoon. »Ich zeige Ihnen den Ausdruck und stelle Sie Trombones potentiellen Nachfolgern vor. Sie bekommen von mir jede gewünschte Information und Hilfe – aber wir haben leider nur noch sieben Stunden Zeit.«

»Vielleicht brauchen wir nur sieben Sekunden«, entgegnete ich. »Ich habe zwar keine Namensliste von Trombones potentiellen Nachfolgern, aber falls einer von ihnen den reichlich ungewöhnlichen Vornamen – eventuell auch als Familiennamen – trägt, den ich meine, möchte ich behaupten, daß er die Person ist, die Sie suchen.«

Ich nannte Basson den Namen. Der Institutsleiter sprang erregt auf. Der Name war tatsächlich ungewöhnlich und einer seiner Mitarbeiter hieß so. Selbst der Anwalt räumte ein, daß er Trombones Nachfolger sein mußte, nachdem ich ihm meine Überlegungen erklärt hatte. Daraufhin wurden Trombones Aufzeichnungen dem Mann übergeben.

Leider ist wohl aus diesem Forschungsprojekt trotzdem nichts geworden. Und das ist das Ende der Geschichte.

»Nein, das ist es nicht!« brauste ich auf. »Wie lautet der seltene Vorname und wie willst du ihn anhand der Zahlenreihe von 1 bis 999 herausgefunden haben?«

Griswold, der sich bereits selbstgefällig seinem Drink zugewandt hatte, sah abrupt auf. »Kaum zu fassen, daß du das nicht begriffen hast. Die Zahlenreihe umfaßte ohne Ausnahme sämtliche Zahlen von 1 bis 999. Ich habe mich also selbstverständlich gefragt, was diese Zahlen haben könnten, das zum Beispiel die Zahl 1000 nicht hat, und was das wiederum mit einer Person zu tun haben könnte.

Liest man diese Zahlenreihe in englischer Sprache ausgeschrieben, dann fällt auf, daß bei sämtlichen Zahlen von *one, two, three, four, five* . . . bis *nine hundred ninety-nine* durchgehend kein einziges Mal der Buchstabe ›A‹ auftaucht. Die Zahlenkolonne sollte uns also wohl eindeutig auf das Nichtvorhandensein von ›A‹ hinweisen. Was ist daran so schwer zu verstehen?«

»Ich halte das für baren Unsinn!« ereiferte ich mich. »Selbst wenn Trombone uns mit diesem Computerausdruck auf das Fehlen des Buchstabens ›A‹ in der Zahlenreihe von 1 bis 999 in der englischen Sprache aufmerksam machen wollte, ist noch immer nicht klar, was das mit der Person seines Nachfolgers zu tun haben sollte. Meinte Trombone vielleicht einen Mann mit einem Namen, in dem kein ›A‹ vorkommt?«

Griswold strafte mich mit einem vernichtenden Blick. »Quatsch«, entgegnete er. »Es gibt 'ne Menge Namen ohne A. Ich habe aus diesem Hinweis sofort geschlossen, daß Trombone damit den Namen ›Noah‹ meinte, und der klingt wie das englische *no a* also kein A. Und einer der Mitarbeiter des Instituts hieß tatsächlich Noah. Es war also ganz einfach.«

13.

Die Feuerprobe

Welcher Lärm und welches Durcheinander draußen auch herrschen mag, im Union Club ist stets vornehme Ruhe. Verkehrsgeräusche, das Heulen von Sirenen, ja selbst das Grollen des Donners während eines Gewitters dringen nie durch die altehrwürdigen, schweren Portieren und Vorhänge im Clubinneren, dessen gedämpfte Atmosphäre jedem heilig sein muß.

Eine Ausnahme bildet allerdings Griswolds sanftes Schnarchen während seiner zahllosen Nickerchen im tiefen Ohrensessel.

Jennings musterte die schlafende Gestalt mit dem seltsam wachen Gesichtsausdruck und dem unvermeidlichen Glas Scotch Soda in der ruhigen Hand und sagte: »Ich möchte mal wissen, ob es einfach ist, so zu werden.«

»Wahrscheinlich ist ein Fehlschlag der Natur dafür verantwortlich«, bemerkte Baranov.

»Nein, ich meine, wie wird man ›jemand‹ in seiner sogenannten Abteilung«, erklärte Jennings.

»Die exakte Bezeichnung dieser ›Abteilung‹ hat er uns immer verschwiegen«, warf ich gereizt ein. »Deshalb frage ich mich natürlich, ob es sie überhaupt gibt.«

»Ich denke schon«, antwortete Jennings. »Aber wie ist er nur zu diesem Job gekommen? Wie hat er sich darum beworben? Ich meine, er kann ihnen wohl kaum einen Brief geschrieben und sich darin als ›Rätselonkel‹ vom Dienst angeboten haben, oder?«

»Er hat doch mal behauptet, während des Zweiten Weltkriegs eine seltene Begabung bei der Enttarnung von Spionen entwickelt zu haben«, bemerkte ich. »Erinnert ihr euch nicht?«

»Das hat *er* behauptet«, entgegnete Jennings skeptisch. »Aber wenn wir ihn jetzt danach fragen würden, bekämen wir wieder eine ganz andere Geschichte zu hören. Ich wette, sobald wir ihn danach fragen . . .«

Die Federn des alten Sessels quietschten, und Griswold schlug eines seiner stahlblauen Augen auf. Wie üblich war er rätselhafterweise immer dann sofort wach, wenn auch nur andeutungsweise von ihm gesprochen wurde. »Auf eure entsprechende Frage lautet meine Antwort ganz einfach: Sie sind zu mir gekommen. *Sie* zu *mir*, versteht ihr? Die Herren hatten bereits während des Zweiten Weltkriegs eine Kostprobe meiner Genialität erhalten und wollten mehr davon. Trotzdem waren sie skeptisch. Sie mißtrauten einem genialen Mann wie mir.«

»Wieso das denn?« erkundigte ich mich feindselig.

»Weil ein genialer Geheimagent nur wenig zu tun hat. Die meiste Zeit über muß er eine stumpfsinnige Rolle spielen und dabei jederzeit darauf gefaßt sein, unterzutauchen. Der erfolgreichste Agent, den ich je kennengelernt habe, war ein Idiot. Und ausgerechnet er sollte den entscheidenden Test mit mir durchführen.«

Griswolds Stimme verhallte. »Ich darf wohl annehmen, daß du diesen Test mit Glanz und Gloria bestanden hast, was?« erkundigte ich mich.

Griswold fuhr ein wenig erschrocken zusammen und tauchte aus den Tiefen seines Sessels wieder auf. »Das darfst du, mein Lieber. Aber da das für euch ja kaum eine Überraschung sein kann, brauche ich die Story erst gar nicht zu erzählen.«

»Laß den Quatsch!« empörte sich Jennings. »Nichts auf der Welt könnte dich jetzt davon abhalten, uns auch diese Episode aus deinem Leben zu erzählen.« Er sah auf die Uhr. »Ich gebe dir genau fünfzehn Sekunden Zeit anzufangen.«

Griswold brauchte dann tatsächlich nur fünf Sekunden.

Wie ich euch ja schon früher einmal erzählt habe, und ich halte mich immer strikt an die Wahrheit, – begann Griswolds –, habe ich mir als blutjunger Mann während des Zweiten Weltkriegs etliche Lorbeeren verdient. Es gab daher Leute in Washington, die mich in einer Position sehen wollten, in der sie meine Talente für sich ausnutzen konnten.

Ich war auf diesen Job nicht sehr erpicht. Das Dasein eines Regierungsbeamten ist unbequem und langweilig. Ich kannte damals einige Beamte und wußte daher Bescheid. Trotzdem hatte auch ich gewisse patriotische Gefühle. Schon aus diesem Grund hatte ich nichts dagegen, eine beratende Tätigkeit innerhalb der Regierung anzunehmen, und ließ mich überreden, nach Washington zu fahren, wo ich genauer unter die Lupe genommen werden sollte.

Ich ahnte, daß mich Unangenehmes erwartete, und behielt recht. Der Kalte Krieg steckte in seinen Anfängen, und es herrschte innerhalb des Regierungsapparats ein ziemliches Durcheinander, weil jeder in jedem einen politisch »Unzuverlässigen« sah. Natürlich war jeder intelligente Mensch schon von sich aus verdächtig. Ein Agent durfte minimal und maximal einen IQ von 120 haben.

Selbstverständlich hatte ich Probleme mit den dienstälteren Beamten, die mich schon vom Aussehen her abzulehnen schienen. Es wird euch vielleicht überraschen, weil ihr mich nur als würdigen, reifen und sympathischen älteren Herrn kennt, aber in meiner Jugend war ich so etwas wie ein Rebell. Verständlicherweise sträubten sich bei den konventionellen Kollegen die Nackenhaare, wenn sie mich nur sahen.

Eines Tages bin ich in einem der Korridore der Abteilung einem mittelgroßen Mann mit rosigem, glatten Gesicht begegnet, der mit der phantasielosen Korrektheit eines Vertreters gekleidet war. Als er mich sah, deutete er mit dem Finger auf mich und sagte: »Sie!«

Meine Haltung war wohl eher lässig, aber ich machte mir nicht die Mühe, die Hände aus den Taschen zu nehmen und geradezustehen. Schließlich waren wir nicht beim Militär. »Genauso heiße ich«, erwiderte ich so freundlich wie möglich. »Und wer sind Sie?«

Er ignorierte meine Frage und erkundigte sich streng: »Weshalb tragen Sie nicht Jackett und Krawatte?«

»Weil ich heute morgen beim Aufwachen gemerkt habe, daß es, verdammt noch mal, Sommer ist«, erwiderte ich.

»Das Gebäude hier ist vollklimatisiert.«

»Das ist für mich uninteressant, weil ich nur vorübergehend hier bin.«

»So wirklich? Ich möchte Ihren Namen wissen, damit Ihr Aufenthalt hier wirklich nur ›vorübergehend‹ bleibt.«

»Ihre knappe, aber treffende Anrede von vorhin genügt. Ich reagiere sogar darauf«, entgegnete ich und ging pfeifend davon.

Ich wußte zu diesem Zeitpunkt natürlich nicht, wer der Mann war, sollte es jedoch noch herausfinden. Er war der Liebling der Abteilung, der erfolgreichste Agent der vierziger Jahre. Und er war der Idiot, den ich eingangs erwähnt habe. Er hatte während des Krieges in Deutschland und den angrenzenden europäischen Ländern gearbeitet und täglich mit dem Mut und der Intelligenz eines Löwen dem Tod in die Augen gesehen.

Sobald er einen Raum betrat, standen Senatoren ehrfürchtig auf – oder wären ehrfürchtig aufgestanden, wenn sie gewußt hätten, mit wem sie es zu tun hatten. Aber natürlich hatten sie keine Ahnung, denn das beste Kapital eines Agenten ist seine Anonymität.

Selbstverständlich hatte ich ebenso wie alle anderen von ihm gehört, war ihm jedoch weder irgendwann zuvor begegnet, noch hatte ich eine Fotografie von ihm gesehen. Aber auch das hätte nichts an meinem Verhalten bei unserer Begegnung im Korridor geändert.

Im übrigen hatte ich zu diesem Zeitpunkt andere Sorgen. Zusammen mit anderen machte ich gerade einen langen Intensivkurs. Wir hörten Vorlesungen über die verschiedenen Aspekte der Spionage und Spionageabwehr und über die Verschlüsselung von Nachrichten mit Hilfe des Morsealphabets oder Computern, denn die ersten elektronischen Computer waren bereits in Betrieb genommen worden.

Die Vorlesungen wurden durch kleine Einlagen unterbrochen, nach deren Ende wir unseren Lehrern Rede und Antwort stehen mußten, um unsere Belastbarkeit unter Streß zu beweisen. Zum Beispiel sprach ein Lehrer eine gute halbe Stunde mit uns und fragte uns dann plötzlich, wie oft er sich während des Gesprächs die Stirn gerieben und welche Hand er dazu benutzt hatte.

Natürlich war ich bei diesen Tests niemals unkonzentriert. Ich hätte vielleicht absichtlich Fehler machen können, um aus dem Kurs geworfen zu werden, aber ich konnte mich nicht dazu durchringen, vor den anderen den Trottel zu spielen.

Eines Tages erfuhren wir, daß unser Kriegsheld eine Vorlesung bei uns halten sollte, und herein kam mein Freund vom Korridor. Selbstverständlich erkannte er mich sofort wieder. Er stellte sich vor uns hin und musterte jeden einzelnen eingehend. Als sich seine Blicke auf mich richteten, schnarrte er im Kasernenhofton: »Griswold!«

»›Sie‹ genügt«, entgegnete ich gelassen. »Ich höre auf beides.«

Er starrte mich eine Weile schweigend an und sagte dann: »An mangelndem Selbstbewußtsein scheinen Sie ja nicht zu leiden.«

»Sicher nicht. Sonst wäre es mit meinem gesunden Menschenverstand auch nicht weit her«, konterte ich.

»Aha! Verstehen Sie sich auch so gut auf Geheimcodes?«

»Ich bin auf diesem Gebiet zwar kein Experte, aber so gut wie jeder andere Laie bin ich allemal«, erwiderte ich.

Der berühmte Agent wandte sich an die ganze Klasse: »In unserem Beruf gehören sämtliche Arten der geheimen Nachrichtenübermittlung zum täglichen Brot«, begann er. »Nehmen wir mal an, Sie müßten eine verschlüsselte wichtige Nachricht abschicken, ohne sich zuvor mit dem Empfänger über ein Codeverfahren geeinigt zu haben. Dabei sind zwei Dinge zu beachten: Erstens soll diese Meldung einem unerwünschtem Empfänger völlig unverständlich oder unwichtig erscheinen, zweitens muß der richtige Empfänger sie problemlos entschlüsseln können.

Das ist eine schwierige Aufgabe. Man muß dabei schlau vorgehen, allerdings nicht so schlau, daß der Code überhaupt nicht zu knacken ist. Der eigene Kontaktmann muß einfach eine größere Chance haben als der Feind. 1943 habe ich einen solchen Code benutzt. Zweimal mit Erfolg. In jedem Fall befand ich mich in einer absoluten Notlage und mußte alles riskieren. Als ich diesen Code jedoch auf mein Glück vertrauend auch ein drittes Mal eingesetzt habe, hat der Feind die Nachricht abgefangen und entschlüsselt. Die Folge war, daß Mussolini von Skorzeny aus der Gefangenschaft befreit wurde. Ich wäre damals beinahe im Gefängnis

– oder noch schlimmer – vor einem Erschießungskommando gelandet.

Ich probiere diesen Code jetzt an Griswold aus.« Er grinste boshaft. »Ein brillanter Denker wie er hat sicher keine Probleme, ihn zu lösen. Er hat dazu bis zum Ende der Vorlesung Zeit. Allerdings sollte er mir trotzdem zuhören, weil ich ihm zum Schluß noch ein paar Fragen über unser heutiges Thema stellen möchte. Die Nachricht besteht aus neun Wörtern, Griswold. Ich werde sie gleich an die Tafel schreiben.«

Das tat er auch, und ich las:

Irisieren
Pipin
Immer
Immigrieren
Pinie
Trieb
Tizian
Tatort
Titan

»Diese Wörter ergeben eine Nachricht«, fuhr er fort. »Ich fordere übrigens auch alle anderen auf, die Meldung zu entschlüsseln. Die richtige Lösung läßt keinen Zweifel daran, daß Sie es geschafft haben. Ein Ergebnis erwarte ich allerdings nur von Griswold. Sicher ist Ihnen aufgefallen, daß die Wörter in keinem ersichtlichen Bezug zueinander stehen. Es handelt sich um sechs Hauptwörter, darunter um zwei Eigennamen, um zwei Verben und ein Adverb. Auch wenn sie die Anfangsbuchstaben fortlaufend lesen, ergibt das keinen Sinn. Trotzdem behaupte ich, daß eine ganz normale Mitteilung dahintersteckt.«

Der berühmte Agent machte eine Kunstpause. Meine Seminarkollegen bemühten sich sichtbar, nachdenkliche Mienen zu machen. Ich ließ mich dadurch nicht aus der Ruhe bringen, sondern lehnte mich nur gelangweilt auf meinem Stuhl zurück.

Unser berühmter Lehrmeister blieb vor mir stehen. »Meine Vorlesung dauert eine Dreiviertelstunde«, verkündete er. »So lange haben Sie Zeit, Griswold. Genügt das?«

Ich antwortete darauf laut und vernehmlich: »Zittert nicht.«

»Wie bitte?«

»Ich habe Ihren kleinen Geheimtext entschlüsselt und mir erlaubt, den Code auch für die Antwort auf Ihre Frage, ob mir die Zeit genügt, zu benutzen«, erwiderte ich. »ZITTERT NICHT.«

Der Agent wurde lila im Gesicht und rannte aus dem Raum. In der folgenden allgemeinen Aufregung erklärte ich dann den anderen, um welchen Code es sich gehandelt hatte. Natürlich hatte ich recht, aber die Sache ging trotzdem gut für mich aus, denn ich bekam den Job nie. Mein Freund, der Held, stufte mich als Sicherheitsrisiko und verkappten Kommunisten ein. Aus diesem Grund wurde ich gebeten, den Kurs schon am darauffolgenden Tag zu verlassen.

Ich blieb also ein freier Mitarbeiter und hatte damit viel Erfolg.

Griswold seufzte in angenehmer Erinnerung an seine Karriere und bereitete sich auf sein nächstes Nickerchen vor, als Baranov schließlich wütend fragte: »Sag uns gefälligst, wie die Nachricht gelautet hat, und nach welchem Code sie verschlüsselt worden war!«

Griswold richtete sich erstaunt in seinem Sessel auf. »Was? Das hast du nicht kapiert? Aber das liegt doch klar auf der Hand. Es ist auf den ersten Blick zu sehen, was das Auffällige an den neun Worten ist. Jedes hat mindestens ein ›I‹ oder ein ›T‹ oder sogar beides.

Und was haben ›I‹ und ›T‹ gemeinsam? Nun, wenn man mit der Hand schreibt, dann unterbrechen der I-Punkt und der Querstrich das ›T‹ bei den Kleinbuchstaben den Schreibfluß. Das müßte doch selbst euch klar sein. Man stellt also I-Punkt und Querstrich des ›T‹ mit den Punkten und Strichen des Morsealphabets gleich und erhält ··· für irisieren, ·· für Pipin, · für immer, ··· für immigrieren, ·· für Pinie, -· für Trieb, -·· für Tizian, --- für Tatort und -·- für Titan.

Im Morsealphabet heißt ···, ··, ·, ···, ··, -·, -··, ---, -·-

›Sie sind ok‹, was ein deutlicher Beweis dafür war, daß ich die richtige Lösung gefunden hatte. Als unser Freund, der Kriegsheld, mich daher gefragt hat, ob mir die Zeit zur Lösung genügte, habe ich mit ›Zittert nicht‹ geantwortet. Im Morsealphabet würde das ·---, ·- oder ganz einfach ›ja‹ heißen.«

14.
Die Appleby-Story

»Nicht auszudenken, was uns diese Wirtschafts- oder Gentlemanverbrechen jährlich kosten«, sagte Jennings. »Der Schaden muß in die Milliarden gehen.«

Seine Worte hallten etwas hohl in den ehrwürdigen Wänden der Bibliothek des Union Club wider. Es war ein milder Abend, und in der Stadt herrschte reges Treiben, so daß nur wenige nichts anzufangen wußten und in den Union Club kamen – mit Ausnahme von uns vieren natürlich.

»Wegen Wirtschaftsverbrechen regt sich niemand auf«, bemerkte Baranov. »Solange keine Menschenleben gefährdet sind, nimmt im allgemeinen niemand davon Notiz.«

»Ja, leider«, entgegnete ich ärgerlich. »Der arme Schlukker, der einen Spirituosenhändler mit einer Pistole zur Herausgabe von fünfzig Dollar zwingt, wird zu einer hohen Strafe verknackt, aber einer von diesen aalglatten jungen Finanzexperten, der den Steuerzahler um fünfzigtausend betrügt, sitzt auch noch auf der Geschworenenbank, die den armen Schlucker verurteilt und gilt als angesehener Bürger.«

»Der große Unterschied liegt eben darin, daß der eine bewaffnet war und der andere nicht«, entgegnete Baranov düster. »Dein ›armer Schlucker‹ hätte den Händler schwer verletzen oder töten können. Das ist doch mit Geld gar nicht zu vergleichen.«

»Moment mal!« ereiferte ich mich. »Was glaubst du, macht der Finanzmakler, wenn man ihm seinen Job und jede

Chance im Leben nimmt und ihn mit Leuten umgibt, die zwar viel Geld, aber nichts für arme Schlucker übrig haben? Oder gib umgekehrt dem armen Schlucker anständige Kleider, eine gute Schulbildung, wenn nötig auch eine andere Hautfarbe und einen Job an einem Schreibtisch. Dann braucht er ebenfalls keine Pistole mehr.«

»Für dich ist natürlich wieder mal die Gesellschaft an allem schuld«, schnaubte Baranov verächtlich.

Diesmal hatten wir Griswold ausnahmsweise völlig vergessen, der ganz ohne unser Zutun hellwach in seinem Sessel saß, die Stirn über seinen buschigen Augenbrauen in tiefe Falten legte und mit grollender Stimme sagte: »Wie kommt ihr eigentlich auf die Idee, daß zwischen diesen beiden Verbrechensarten ein himmelweiter Unterschied bestehen könnte? Die eine Methode kann durchaus zur anderen führen. Ich kenne einen solchen Fall. Aber das interessiert euch vermutlich nicht.«

Er hielt inne, um einen Schluck aus seinem Glas Scotch mit Soda zu trinken, und ich sagte: »Ob's uns interessiert oder nicht, du erzählst's uns ja trotzdem. Also schieß los!«

Die betreffende Person – begann Griswold – hieß Thomas Appleby. Appleby hatte etliche angenehme und etliche unangenehme Eigenschaften, die allesamt zu seinem gewaltsamen Tod beitrugen.

Er war ein leutseliger, extrovertierter und geselliger Mensch, klein, dick, freundlich, geschwätzig und hemmungslos. Der heilige Nikolaus hätte vielleicht so ausgesehen und sich auch so benommen, wenn er sich rasiert, die Haare geschnitten und einen Anzug angezogen hätte.

Appleby hatte auch seine kleinen Eitelkeiten. Er war ein ausgezeichneter Geschichtenerzähler. Er gab seine Storys mit Witz und Humor zum besten, und da er sich seiner diesbezüglichen Begabung bewußt war, übte er sich darin.

Er brachte es fertig, daß ihm selbst das unterschiedlichste Publikum aufmerksam zuhörte, und es kam nur sehr selten vor, daß er die Lacher einmal nicht auf seiner Seite hatte. Außerdem besaß er ein ausgezeichnetes Gedächtnis für humorvolle Begebenheiten aller Art, vergaß keine einzige und konnte stundenlang erzählen, ohne sich zu wiederholen.

Appleby saugte lustige Episoden auf wie ein Staubsauger und hatte immer eine zeitweilige Lieblingsgeschichte, die er sofort zum besten gab, wenn er Zuhörer hatte. Genau genommen suchte er sich das Publikum, um die Geschichte loswerden zu können. Vermutlich war auch letzteres der Hauptgrund für seine ungewöhnliche Geselligkeit.

Für diejenigen, die ihn gut kannten, hieß die jeweilige Lieblingsgeschichte immer die »Appleby-Story«. Angehörigen seines engeren Bekanntenkreises konnte es passieren, daß sie, in eine Gruppe neuer Zuhörer eingekeilt, diese zum zehnten Mal hören mußten, wobei Applebys Witz mit jeder Wiederholung natürlich schaler wurde.

Eine weitere auffällige Angewohnheit Applebys war es, sich zu Beginn jeder Geschichte mit wichtigtuerischer Miene auf seinem Stuhl zurückzulehnen und zu sagen: »Sie müssen wissen, meine Damen und Herren, ich arbeite bei der Regierung, und die folgende Geschichte hat mir ein Senator erzählt . . .«

In Wirklichkeit war Appleby ein kleiner Beamter, und jene kleine, eitle Lüge tat eigentlich nur ihm weh.

Appleby aß gern, und es gelang ihm stets, alles Eßbare in Sicht- und Reichweite zu verzehren, ohne daß dadurch sein Erzählfluß gehemmt worden wäre. Er süßte seinen Kaffee stark, mochte Spargel am liebsten mit Sauce Hollandaise, und der Schweinebraten durfte ruhig ein wenig fett sein. Alkohol mied er. Er fühlte sich magisch von Fremden angezogen, denn diese bedeuteten für ihn eine neue Zuhörerschaft.

Das alles und vieles mehr förderten die Ermittlungen zutage, die nach Applebys Tod eingeleitet wurden. Daher wissen wir auch, daß Appleby nach Büroschluß an jenem verhängnisvollen Tag das Café eines der billigeren Hotels in der Innenstadt betreten hatte.

An einem Ende der u-förmigen langen Theke saßen zu diesem Zeitpunkt vier oder fünf Männer.

Appleby hätte durchaus die Möglichkeit gehabt, an der leeren Seite der Theke Platz zu nehmen, wo weit auseinander zwei Personen saßen, steuerte jedoch gewohnheitsmäßig auf die kleine Gruppe zu. Was dann geschah, erfuhr die Polizei durch einen der beiden Gäste am gegenüberliegenden Ende des Lokals. Der Herr war offenbar neugierig genug gewesen, Applebys lauter, durchdringender Stimme zuzuhören. Das Erstaunliche war, daß er sich wörtlich an die folgende Unterhaltung erinnerte.

Appleby schwang sich auf einen Hocker und sagte fröhlich: »Guten Tag! Guten Tag! Na ja, so gut ist er auch wieder nicht. Draußen ist es verdammt kalt und es wird dort auch kein Kaffee serviert. Hoffentlich wenigstens hier drinnen.«

Die anderen musterten ihn ohne erkennbare Sympathie, aber das konnte Appleby nicht einschüchtern. Ablehnung kannte er nicht. Er zog die Karte zwischen Gewürzständer und Serviettenhalter heraus und studierte sie eingehend.

Er schien es mit der Bestellung nicht eilig zu haben, denn kurz darauf wandte er sich an den Herrn, der unmittelbar neben ihm saß, und fragte: »Haben Sie in letzter Zeit mal gute Witze gehört?«

Applebys Nachbar machte ein überraschtes Gesicht und antwortete dann sichtlich unwillig: »Heutzutage gibt's nicht viel, worüber man Witze machen könnte.«

Appleby zuckte mit den Achseln. »Ach was! Witze tun nicht weh. Sie machen keine schlechtere, eher bessere Laune.«

»Es gibt Witze, die machen sogar ausgesprochen miese Laune«, entgegnete ein Mann düster, der, die Arme auf die Theke gestützt, eine Zigarette rauchte.

»Möglich«, antwortete Appleby. »Aber ich habe einen Job bei der Regierung und weiß deshalb, was miese Laune bedeutet. Glauben Sie mir, Witze helfen. Und die besten Witze haben mir völlig fremde Leute erzählt. Eines Tages bin ich wie hier in einem Café gesessen und habe meinen Tischnachbarn nach einem Witz gefragt. Er konnte ihn zwar nicht zündend genug erzählen, aber der Witz war trotzdem gut.«

Der Herr zu Applebys Rechten schnappte nach dem Köder und fragte: »Was hat er Ihnen denn erzählt?«

»Gut, Sie sollen entscheiden, ob der Witz gut ist«, antwortete Appleby. »Also passen Sie auf: Moses kam vom Berg Sinai mit den Gesetzestafeln unter dem Arm und rief die Ältesten seines Stammes zusammen.

›Herrschaften‹, sagte er, ›ich habe eine gute und eine schlechte Nachricht für euch. Die gute ist, daß ich den Boss auf zehn Gesetze runterhandeln konnte.‹«

An dieser Stelle imitierte Appleby Charlton Hestons Stimme und machte eine Kunstpause, um seinen Zuhörern Gelegenheit zum Lächeln zu geben.

Dann fuhr er fort: »›Die schlechte Nachricht ist, daß uns die Sache mit dem Ehebruch erhalten bleibt.‹«

Die Zuhörer lächelten müde, doch Appleby schien mit dem Erfolg bei diesen reservierten Zeitgenossen schon zufrieden zu sein. »Eine Tasse Kaffee«, bestellte er bei dem Mann hinter der Theke. »Und ein Käsesandwich.« Dann wandte er sich an den Mann zu seiner Linken. »Ich sollte nicht zuviel essen.«

»Sieht so aus, als hätten Sie das schon getan«, erwiderte der Mann mit verächtlichem Schnauben.

Appleby hatte es sich zur Pflicht gemacht, anzügliche Bemerkungen über seine Person mit Humor hinzunehmen, um das Publikum bei Laune zu halten. Er lachte herzhaft und entgegnete: »Sie haben mich durchschaut. Schade! Dabei habe ich meinen Bauch so tapfer eingezogen.«

Der Mann hinter der Theke stellte die Tasse Kaffee vor Appleby ab. Er war ebenso unfreundlich und abweisend wie die übrigen Gäste neben Appleby. »Die Sahne ist hier«, erklärte der Ober barsch. »Wollen Sie Zucker?«

Appleby, der seine Hand bereits in eine andere Richtung ausgestreckt hatte, zuckte zurück, als er verwundert die zwei Portionspäckchen Zucker zwischen den Fingern des Mannes sah.

Appleby zögerte kurz. »Warum nicht?« seufzte er und griff schließlich nach einem Päckchen. »Dann nehme ich zur Abwechslung mal richtigen Zucker – Donnerwetter, das nenne ich Service. Normalerweise muß man das ganze Lokal absuchen, wenn man seinen Kaffee süßen will. Sehr hilfsbereit und aufmerksam von Ihnen. Genau wie das Dienstmädchen von Moskowitz, der seine Frau im Verdacht hatte, einen Geliebten zu haben. Kennen Sie die Geschichte?« Wie sich herausstellte, war das gerade Applebys Lieblingsstory.

»Nein«, antwortete einer der fünf Männer grimmig.

»Spucken Sie's schon aus.«

»Also Moskowitz hatte den Verdacht, daß seine Frau ihn betrügt«, begann Appleby. »Eines Tages hielt er es nicht mehr aus. Er wollte endlich Gewißheit haben und rief zu Hause an. Das Dienstmädchen war am Telefon.

›Hören Sie‹, begann er. ›Ich glaube, meine Frau betrügt mich. Und jetzt will ich endlich Gewißheit haben. Sagen Sie mir, ob sie gerade oben im Schlafzimmer ist und einen anderen Mann bei sich hat?‹

›Ich muß Ihnen wohl die Wahrheit sagen‹, antwortete das Dienstmädchen. ›Es stimmt. Sie ist mit einem fremden Mann oben im Schlafzimmer. Und ich möchte, daß Sie wissen, daß mir dieses Benehmen ganz und gar nicht gefällt, Sir.‹

›Ausgezeichnet‹, erklärte Moskowitz. ›Ich bin froh, daß Sie noch moralische Grundsätze haben. Wissen Sie, wo ich meine Pistole aufbewahre?‹

›Ja, Sir.‹

›Dann holen Sie sie, gehen Sie in mein Schlafzimmer und erschießen Sie diese falsche Schlange und ihren Liebhaber, der meinen Hausfrieden gestört hat. Dann kommen Sie wieder ans Telefon.‹«

Appleby hielt inne, um einen Schluck Kaffee zu trinken. Er spannte sein Publikum bewußt auf die Folter. Er war in Hochform. Seine Stimme gab jede Nuance des Gesprächs zwischen den beiden Hauptpersonen perfekt wieder.

»Nach einer Pause kam das Dienstmädchen wieder ans Telefon«, fuhr Appleby fort. »›Sir‹, meldete sie sich. ›Ich habe den Auftrag ausgeführt.‹

›Haben Sie meine Frau erschossen?‹

›Ja, Sir.‹

›Und diesen Halunken in ihrem Bett auch?‹

›Selbstverständlich, Sir.‹

›Sie sind also beide tot?‹

›Ja, Sir.‹

›Und was haben Sie mit meiner Pistole gemacht?‹

›Die habe ich in den Swimming-pool geworfen, Sir.‹

›In den Swimming-pool????? – Augenblick mal! Welche Telefonnummer haben Sie überhaupt?‹«

Ungefähr eine halbe Sekunde lang herrschte Totenstille im

Lokal. Dann, als die anderen die Pointe langsam begriffen hatten, ertönte anhaltendes schallendes Gelächter. Der Ober hinter der Theke lachte so herzlich wie alle übrigen. Appleby kicherte zufrieden angesichts seines Erfolgs, aß sein Käsesandwich, trank den Kaffee aus und ging.

Das wäre das Ende der Geschichte, hätte man Appleby nicht zwei Stunden später erwürgt in seiner Wohnung aufgefunden. Nichts war gestohlen und nichts war beschädigt worden. Seine Kleidung war etwas in Unordnung geraten, was darauf schließen ließ, daß man ihn durchsucht hatte. Doch Applebys Brieftasche war noch da, er trug die Uhr am Handgelenk und den Ring am Finger. Nichts fehlte.

Die Polizei begann routinemäßig ihre Ermittlungen, in deren Verlauf die Szene im Café in allen Einzelheiten rekonstruiert werden konnte. Wie sich herausstellte, handelte es sich bei den übrigen Gästen des Lokals um üble Burschen, doch nichts deutete auf ein Mordmotiv hin.

In den Augen der Polizei war es eigentlich kein wichtiger Fall, und vermutlich hätten sie ihn zu den Akten gelegt, wenn nicht glücklicherweise jemand auf die Idee gekommen wäre, mich einzuschalten. Sobald ich die ganze Geschichte gehört hatte, glaubte ich zu wissen, was passiert war. Und so wird's euch jetzt sicher auch ergehen.

»Nein, ganz und gar nicht«, entgegnete ich ruhig. »Und das weißt du genau. Entweder du sagst uns jetzt die Lösung, oder wir bringen dich um.«

»Idioten«, murmelte Griswold. »Appleby trank seinen Kaffee immer sehr süß, und als der Mann hinter der Theke ihm Zucker anbot, sagte er, er wolle mal zur Abwechslung richtigen Zucker nehmen. Das konnte nur bedeuten, daß Appleby normalerweise Süßstoff benutzte, und danach hatte er auch bereits die Hand ausgestreckt. Die Tatsache, daß ihm der Ober Zucker anbot – eine ganz ungewöhnliche Geste –, ließ den Schluß zu, daß er den Gast offenbar vom Süßstoff ablenken wollte. Bei diesem Gedanken ist mir natürlich eingefallen, daß das verbreitetste »Kavaliersdelikt« das Einstecken dieser rosaroten Tütchen mit Süßstoff ist. Wir alle haben das doch schon mal gemacht.

Appleby mußte sich auf diese Weise schon einige der rosaroten Tütchen angeeignet haben. Normalerweise hätte ihn vielleicht jemand davon abgehalten, aber alle lachten über seinen Witz und merkten nichts. Als sie schließlich das Fehlen der Tütchen entdeckten, wußten sie natürlich, daß nur er der Dieb sein konnte. Und da der fremde Gast nach eigenen Angaben ein Regierungsbeamter gewesen war und sie offenbar absichtlich abgelenkt hatte, um der Tütchen habhaft zu werden, mußten sie sich Applebys Beute unbedingt zurückholen. Genau das haben sie auch getan. Und damit Appleby sie nicht verraten konnte, wurde er erwürgt.«

»Wie bist du darauf gekommen?« fragte Baranov.

»Weil es einfach logisch schien, und weil darin ein Motiv gelegen haben konnte. Zum Beispiel, wenn das Café als Verteilerzentrale für Rauschgiftgeschäfte diente. Ein ganz normales, handelsübliches Süßstofftütchen erregt nirgends Verdacht. Und solange ein Gast ein solches Exemplar nicht gedankenlos mitgehen läßt, ist der Trick narrensicher. Als Appleby dann gleich mit ein paar Tütchen verschwunden ist, herrschte natürlich Panik.

Bei einer anschließenden Razzia in dem betreffenden Lokal hat sich mein Verdacht bestätigt, und die Polizei konnte große Mengen Rauschgift sicherstellen.«

15.

Dollars und Cents

»Meiner Meinung nach könnte man den Terrorismus am besten dadurch bekämpfen, daß man ihn einfach totschweigt«, begann Jennings in unserer ziemlich düster gestimmten Runde in der Bibliothek des Union Club.

»Du findest also, man sollte im Fall eines Attentats einfach verschweigen, daß der Präsident erschossen worden ist?« erkundigte ich mich sarkastisch.

»Nein«, widersprach Jennings. »So war das nicht gemeint.

Ich bin lediglich dafür, daß in einem solchen Fall keine Einzelheiten über die Person des Attentäters und seine Motive an die Öffentlichkeit dringen. Damit würde er wie alle terroristischen Attentäter praktisch zur Unperson. Das Wichtigste ist, daß für diese Leute nicht auch noch Publicity im Fernsehen gemacht wird. Eine knappe Nachricht darüber, daß ein Anschlag stattgefunden hat, genügt vollkommen.«

»Du glaubst also, daß die Terroristen mit ihren Aktionen nur auf der Jagd nach Publicity sind, und daß man ihnen mit der Publicity auch die Motivation nimmt?« erkundigte sich Baranov.

»Bis zu einem gewissen Grad, ja«, stimmte Jennings ihm zu. »Nehmen wir mal an, es gäbe eine Bewegung für die Unabhängigkeit von Fairfield in Connecticut, und fünf Schwachsinnige gründen das Fairfield-Befreiungskomitee. Sie nennen sich FBK und fangen an, in Hartfort Autoreifen aufzuschlitzen und in Briefen an die Zeitungen die Verantwortung dafür zu übernehmen. Während ihre Aktionen weitergehen und die Medien detailliert darüber berichten, müssen sich die fünf Irren doch sehr mächtig vorkommen. Aber das ist noch nicht alles. Die Publicity hat zur Folge, daß eine Menge Komplex-Heinis auf die Idee kommen, sich mit dem Kampf um die Unabhängigkeit von Fairfield ebenfalls Ruhm und Ansehen zu verschaffen. Wenn die Polizei allerdings ihre Ermittlungen gegen die Täter unter strikter Geheimhaltung durchführen könnte . . .«

»Das ist einfach nicht möglich«, unterbrach ich ihn. »Und zwar aus zwei Gründen. Erstens kann man den Betroffenen, deren Autoreifen zerstört worden sind, nicht den Mund verbieten. Auf diese Weise entstehen Gerüchte, die noch schlimmere Folgen haben können als die Wahrheit. Zweitens besteht die Gefahr, daß die Möglichkeit, eine totale Nachrichtensperre zu verhängen, für Dinge mißbraucht wird, die die Öffentlichkeit unbedingt erfahren sollte. Und so was passiert hoffentlich in den USA nie. Da nehme ich schon lieber ab und zu terroristische Aktionen in Kauf.«

»Außerdem ist eine Nachrichtensperre meistens gar nicht aufrechtzuerhalten«, mischte sich plötzlich Griswold mit sonorer Stimme ein. »Wie will man zum Beispiel die Evakuierung eines Hotels während des abendlichen Stoßverkehrs und unter großem Feuerwehreinsatz geheimhalten?«

Seine blauen Augen blitzten uns hellwach an. So hatte ich ihn seit Jahren nicht mehr gesehen.

»Könnte es sein, daß du so was schon mal erlebt hast, Griswold?« erkundigte ich mich.

Alles fing damit an – begann Griswold –, daß ein Reporter von einer New Yorker Zeitung mit der Post eine mit Schreibmaschine geschriebene anonyme Nachricht bekam, die besagte, daß in einem bestimmten Zimmer – die Nummer wurde angegeben – eines bestimmten Hotels eine Bombe liege.

Der Reporter hielt den Brief zuerst für einen üblen Scherz, kam jedoch nach reiflicher Überlegung zu dem Schluß, daß das Risiko, die Meldung zu ignorieren, zu groß war, und ging damit zur Polizei.

Die Polizei war nicht gerade begeistert, glaubte ebenfalls an einen üblen Scherz, war jedoch verpflichtet, der Sache nachzugehen. Man schickte einen Sprengstoffexperten in das betreffende Hotel, wo dieser unter den mißbilligenden Blicken eines Hotelangestellten verlegen begann, das genannte Zimmer zu durchsuchen, dessen Bewohner zum Glück abwesend war. Es dauerte jedoch nicht lange, bis er in einem Schrankfach, in dem Ersatzdecken aufbewahrt wurden, eine schwarze Pappschachtel entdeckte. Auf dem Dekkel stand in zittrigen Großbuchstaben das Wort BOMBE. Die Schachtel enthielt nur Holzwolle.

Das Beweisstück wurde erfolglos auf Fingerabdrücke überprüft. Auf dem anonymen Brief fand man lediglich die des Reporters. Die Polizei glaubte zwar noch immer an einen Scherz, mußte die Angelegenheit jedoch ernster nehmen als zuvor. Sie instruierte daher den Reporter, jeden weiteren Brief sofort aufs Revier zu bringen und möglichst keine Spuren daran zu hinterlassen. Von da an öffnete er seine Post nur noch mit Handschuhen.

Letzteres war, wie sich zeigte, eine sinnvolle Vorsichtsmaßnahme, denn drei Tage später erhielt der Reporter den zweiten Brief. Wieder war ein Hotel und die Nummer eines der Zimmer erwähnt. Der Reporter brachte die Nachricht sofort zur Polizei, und ein Sprengstoffexperte wurde zu der neuen Adresse geschickt. Diesmal fand er eine mit Pappestücken gefüllte Schachtel hinter der Toilettenschüssel im Badezimmer. Sie trug erneut die Aufschrift BOMBE. Wiederum ließen sich keine Fingerabdrücke feststellen.

Die Polizei hatte inzwischen sämtliche Tageszeitungen der Stadt informiert und gebeten, auf jede Publicity zu verzichten, um keine Panik auszulösen; alle Reporter wurden aufgefordert, etwaige anonyme Briefe sofort zu melden.

Auch das entpuppte sich als weise Vorsichtsmaßnahme, denn den dritten Brief erhielt ein anderer Reporter und auf anderem Papier. Dem üblichen Text war ein Absatz hinzugefügt worden, der folgendermaßen lautete: »Ich gehe davon aus, daß Sie wissen, daß das nur Probeläufe sind. Eines Tages wird es ernst, und dann nenne ich keine Zimmernummer mehr.«

Zu diesem Zeitpunkt schaltete die Polizei mich ein und zeigte mir die Briefe.

»Was konnte das Labor feststellen?« war meine erste Frage.

Mein Freund, Lieutenant Cassidy von der städtischen Polizei, antwortete: »Sämtliche Briefe wurden auf einer elektrischen Schreibmaschine von IBM getippt, und unser potentieller Attentäter kann offenbar perfekt damit umgehen. Wir haben weder Fingerabdrücke noch irgendwelche besonderen Merkmale an Papier, Kuverts oder den Bombenattrappen feststellen können. Jeder Brief wurde auf einem anderen Postamt, jedoch alle in Manhattan aufgegeben.«

»Das klingt ja nicht sehr vielversprechend«, seufzte ich.

Cassidy spitzte die Lippen. »Kann man wohl sagen. Wissen Sie, wie viele IBM-Schreibmaschinen es in Manhattan gibt? Und wie viele, einigermaßen gebildete Leute, die gut darauf schreiben können? Wenn unser Freund allerdings noch mehr Briefe verschickt, sind wir vielleicht in der Lage, mehr Informationen zu sammeln.«

Diesmal war auch ich ratlos. Ich mag zwar eine ungewöhnliche Begabung besitzen, Kleinigkeiten zu entdecken und zu deuten, die andere einfach übersehen, aber Wunder kann ich entgegen der landläufigen allgemeinen Auffassung nicht vollbringen. Das habe ich auch nie behauptet. Trotzdem blieb ich wegen dieses Falls in enger Verbindung mit Cassidy.

Die Presse erhielt tatsächlich weitere Briefe, die besonders in bezug auf das Motiv des Absenders einige Aufschlüsse gaben. Offenbar hatte er der materialistischen Lebenseinstellung unserer Zeit abgeschworen und wollte zu einer einfacheren, ursprünglicheren Lebensform zurückkehren. Inwiefern das durch seinen Tick mit der Bombe zu erreichen war, blieb unklar.

»Er kommt offenbar problemlos in Hotelzimmer«, sagte ich zu Cassidy. »Aber schwierig ist das sowieso nicht.«

»Sie denken wohl an Dietriche, oder?«

»Nein, an eine viel einfachere Methode«, entgegnete ich. »Hotelzimmer werden täglich saubergemacht, und ich habe es oft genug selbst erlebt, daß die Reinmachefrauen schnell mal wieder hinausgehen, um etwas zu holen, und hinter sich die Tür offen lassen. Und in Hotelkorridoren herumzuspazieren ist schließlich nicht verboten. Unser Freund mit der Bombe braucht also nur eine offene Tür zu finden.«

Daraufhin gab die Polizei sämtlichen Hoteldirektionen der Stadt den Rat, die Reinmachefrauen anzuweisen, unbedingt die Zimmertüren abzuschließen und außerdem auf eine kleine, schwarze Schachtel oder andere verdächtige Gegenstände zu achten.

Auf diese Weise landete eine Schachtel bei der Polizei, bevor ein entsprechender anonymer Brief eintraf. Wie später herauskam, war der Brief von der Post verspätet zugestellt worden.

»Ich kann nur inständig hoffen, daß unser Freund seine Aktion im Ernstfall nicht per Post ankündigt«, sagte Cassidy niedergeschlagen. »Auf diese Weise kriegen wir die Warnung nie rechtzeitig.«

Die entsprechenden Vorsichtsmaßnahmen in den Hotels erschwerten dem Bombenbastler seine Arbeit. Es kamen zwar weniger Briefe, aber ganz riß die Serie nicht ab. Und die wachsenden Schwierigkeiten schienen ihn noch wütender zu machen. Er beschimpfte die Banken und sämtliche Finanzinstitute. Die Polizeipsychologen versuchten aus den Briefen ein Psychogramm des Täters zu erstellen, bei sämtlichen Banken erkundigten sich Beamten nach Kunden, denen ein Kredit verweigert worden war und die daraufhin bitter und aggressiv reagiert hatten. Und ein Vergleich der Poststempel auf den anonymen Briefen machte es möglich, das Wohngebiet des Täters wenigstens grob einzugrenzen.

»Wenn er noch lange genug weitermacht, kriegen wir ihn«, behauptete Cassidy.

»Bevor wir ihn aus den mehreren Millionen Bewohnern von Manhattan rausgepickt haben, macht er bestimmt ernst, und dann ist es zu spät«, gab ich zu bedenken.

»Trotzdem kann das noch länger so weitergehen«, entgegnete Cassidy. »Mit jeder fingierten Bombendrohung läßt er Dampf ab, und wenn er sich auf diese Weise abreagiert hat, hört er ganz auf.«

»Das wäre fast zu schön, um wahr zu sein«, seufzte ich.

Am darauffolgenden Tag kam die Hiobsbotschaft. Ein Polizeibeamter meldete Cassidy aufgeregt, daß ein Mann angerufen und behauptet habe, der anonyme Briefschreiber zu sein.

Cassidy sprang sofort von seinem Stuhl auf, doch der Beamte schüttelte nur den Kopf. »Er hat schon wieder aufgelegt. Wir konnten ihn nicht länger hinhalten. Er will angeblich wieder anrufen. Diesmal sei's ernst, hat er behauptet.«

Es folgten ein halbes Dutzend Anrufe aus verschiedenen öffentlichen Telefonzellen. Der anonyme Bombenbastler behauptete, die Bombe sei gelegt und die Zündung auf fünf Uhr nachmittags, dem Höhepunkt des abendlichen Berufsverkehrs, eingestellt. Als Adresse nannte er das modernste Hotel Manhattans.

»Sie haben genügend Zeit, das Hotel zu evakuieren«, erklärte der Mann mit heiserer Stimme. »Ich möchte nicht, daß irgend jemand zu Schaden kommt. Meine Bombe richtet sich nur gegen Sachwerte, um denjenigen eine Lektion zu erteilen, die Eigentum vor Menschlichkeit stellen.«

Es war kurz nach zwei Uhr nachmittags, als er uns das Ziel des Attentats nannte. Wir hatten zwar noch Zeit, alle Bewohner des Hotels in Sicherheit zu bringen, aber da auch sämtliche Straßen im Umkreis des Hotelgebäudes für die Einsatzwagen der Feuerwehr freigehalten werden mußten, war damit zu rechnen, daß der Verkehr in Manhattan völlig zum Erliegen kommen würde.

Cassidy, der diesmal am Telefon war, tat sein Bestes. »Hören Sie«, sagte er in jovialem, freundlichem Ton. »Sie sind Idealist. Ein Ehrenmann. Sie wollen vermeiden, daß Menschen zu Schaden kommen. Nehmen Sie mal an, es gelingt uns nicht, rechtzeitig alle zu evakuieren. Wollen Sie das auf Ihr Gewissen laden? Sie brauchen uns nur die Zimmernummer zu sagen, um das zu verhindern. Wenn Sie das tun, dann verspreche ich, daß Ihre Kritik offene Ohren finden wird.«

Der anonyme Anrufer ließ sich nicht einwickeln. »Ich rufe zurück«, lautete seine lakonische Antwort.

Fünfzehn endlose Minuten später kam der Anruf. Das Einsatzkommando der Polizei und mehrere Sprengstoffexperten waren bereits auf dem Weg zu dem betroffenen Hotel.

»Also gut«, ertönte die heisere Stimme am anderen Ende. »Dollars und Cents. Mehr haben die Menschen heutzutage sowieso nicht im Kopf. Dollars und Cents. Wenn Sie den Hinweis nicht verstehen, bin ich für alles weitere nicht mehr verantwortlich. Dann sind *Sie* dran.« Damit legte er auf.

Cassidy starrte auf den Hörer. »Was zum Teufel hat er damit gemeint?«

Ich hatte das Gespräch über eine Konferenzschaltung mitgehört und sagte knapp: »Unterbrechen Sie die Evakuierung für ein paar Minuten. Die Sprengstoffexperten müßten jetzt am vermeintlichen Tatort sein. Nehmen Sie sofort Verbindung mit ihnen auf. Ich glaube, ich kenne die Zimmernummer. Vielleicht können Ihre Leute die Bombe gleich vor Ort entschärfen.«

Und ich hatte recht. Die Bombe, eine einfache, aber durchaus wirksame Konstruktion, die auch funktioniert hätte, konnte entschärft werden, ohne daß auch nur ein Gast das Hotel verlassen mußte. Den Attentäter haben wir nie gefaßt, aber er hat sich auch nie wieder gemeldet. Offenbar hatte er genug, und da niemand verletzt worden war ...

Griswolds Stimme wurde immer leiser und ging schließlich in sanftes Schnarchen über. »Verdammt, schlaf jetzt bloß nicht ein!« herrschte Jennings ihn aufgebracht an. »Woher hast du die Zimmernummer gewußt? Wie bist du darauf gekommen?«

Ich hielt mich an die bewährte Methode und trat Griswold unsanft auf den Fuß. Diesmal war er jedoch vorbereitet und stieß energisch gegen mein Schienbein.

»Das habe ich euch doch schon gesagt!« antwortete er brummig. »Der anonyme Anrufer hat von ›Dollars und Cents‹ geredet und behauptet, wenn wir das nicht verstünden, seien wir für alles weitere verantwortlich.«

»Das soll der entscheidende Tip gewesen sein?« fragte Baranov ungläubig. »Das war nichts anderes als sein ständiges Gejammere über unsere geldgierige Gesellschaft.«

»Das war vielleicht ein Grund. Trotzdem hatte ich das Gefühl, daß es auch ein Hinweis sein mußte. Der Mann konnte, wie gesagt, offenbar ausgezeichnet Schreibmaschine schreiben, und Leuten, die viel damit zu tun haben, geht die Anordnung der Tastatur in Fleisch und Blut über.«

»Ich kann auch sehr gut tippen«, erklärte ich. »Aber der Hinweis sagt mir gar nichts.«

»Das überrascht mich nicht«, entgegnete Griswold beinahe gehässig. »Aber wenn du unter Zeitdruck stehst und Dollar und Cent tippen sollst, dann benutzt du doch sicher auch die Kürzel S&C, oder?« Er schrieb die Zeichen mit dem Finger in die Luft.

»Auf der Tastatur von IBM-Maschinen findet man die Kürzel durch Umschaltung von drei Zahlentasten. In richtiger Reihenfolge ergeben sie die Zahl 476. Du kannst es jederzeit ausprobieren. Es funktioniert. Aus diesem Grund kam ich auf die Idee, die Sprengstoffexperten in das Zimmer 476 zu schicken. Und dort lag die Bombe.«

16.

Freunde und Verbündete

»Habt ihr die Hochzeit von Prinz Charles und Lady Diana gesehen?« fragte ich die anderen und streckte die Beine entspannt von mir. Normalerweise erlaubte ich mir in der distinguierten Atmosphäre des Union Clubs solche Nachlässigkeiten nicht.

»Ja«, antwortete Jennings begeistert. »Eine Märchenprinzessin. Jung, blond und schön!«

»Und gleichzeitig finden in britischen Städten Straßenschlachten statt, Nordirland steht in Flammen, und Inflation und Arbeitslosigkeit steigen unaufhaltsam«, bemerkte ich.

»Um so mehr Grund, ein solches Spektakel zu veranstalten«, entgegnete Baranov in gereiztem Ton. »Millionen Briten waren auf den Beinen, um sich das Schauspiel anzusehen. Wenn die königliche Familie beabsichtigt hätte, die Hochzeit in der Londoner City Hall stattfinden zu lassen und das gesparte Geld den Armen zu schenken, hätte es Proteste gehagelt.«

»Vermutlich hast du recht«, seufzte ich. »Wenn es um solche Dinge geht, setzt die Logik bei den Menschen einfach aus, vielleicht auch nur bei den Briten.«

»Hast du vergessen, wie froh wir 1940 über die Unvernunft der Briten gewesen sind?« warf Jennings ein. »Nach den Regeln der Vernunft hätten sie aufgeben und mit Hitler einen Kompromiß schließen müssen. Aber nein, sie haben die Angriffe auf London hingenommen und die totale Vernichtung riskiert.«

Darauf gab es keine Antwort. Ich konnte nur nicken.

»Und sie sind unsere Freunde und Verbündeten«, fügte Jennings selbstsicher hinzu.

Ich nickte erneut.

Griswold wählte diesen Moment, um seine stahlblauen Augen aufzuschlagen und uns ausdruckslos anzusehen. Er räusperte sich, trank einen Schluck Scotch mit Soda und sagte: »So was wie Freunde und Verbündete gibt's gar nicht.

Das sind nur vorübergehende Konstellationen.«

»Willst du damit sagen, daß die Briten . . .«, begann Jennings hitzig.

»Ich will damit sagen, daß die Briten ihre eigenen Interessen haben«, unterbrach Griswold ihn. »Und wir unsere. Obwohl diese parallel laufen können, sind sie doch nie identisch. Deshalb gibt es übrigens auch weder Feinde noch Gegner. Auch das sind vorübergehende Konstellationen.«

»Das ist eine reichlich zynische Einstellung«, bemerkte Baranov.

Die Wahrheit – behauptete Griswold – klingt so oft zynisch, daß die Menschheit lieber Lügen glaubt. Das ist die Ursache vieler unserer Probleme. Ich erinnere mich noch gut an eine Episode des Jahres 1956, als sich der Kalte Krieg auf dem Höhepunkt befand und die Sowjetunion mit Aufständen in Osteuropa fertig werden mußte. Wir versuchten damals, den Schaden für die Russen so klein wie möglich zu halten, um einen nuklearen Konflikt zu vermeiden. Mit anderen Worten: Wir wollten zwar die Macht der Sowjetunion schwächen, sie aber nicht zum Äußersten treiben.

Die Briten dachten ähnlich, hatten jedoch vor einer Überreaktion auf unserer Seite Angst, während wir fürchteten, die Vorbehalte der Briten könnten die Position des Westens schwächen.

Das brachte für uns Komplikationen mit sich. Die Briten und Amerikaner haben jeweils ihre eigenen Geheimdienstorganisationen, die unabhängig voneinander operieren. Da die Briten jedoch unsere Freunde und Verbündeten sind, informieren wir sie über unseren Wissensstand – vorausgesetzt, wir sind der Meinung, sie sollten benachrichtigt werden. Umgekehrt ist es mehr oder weniger dasselbe.

Das Problem ist nur, daß die Briten der Ansicht sind, sie sollten alles wissen, was wir auch wissen. Wir sind da nämlich ganz anderer Meinung. Und auch das ist umgekehrt ähnlich.

Jetzt versteht ihr sicher, wie kompliziert die Angelegenheit ist.

In dieser Zeit war John Forster Dulles Außenminister. Dulles betrieb die Politik des äußersten Risikos und neigte dazu, mit dem Säbel zu rasseln. Das wiederum machte die Briten nervös. Sie wollten ihm auf keinen Fall irgendeinen Anlaß zur Verärgerung liefern. Im übrigen hatte Großbritannien damals eigene Pläne im Nahen Osten, von denen wir nichts wissen sollten.

Die Lage wurde noch komplizierter, weil die Beamten des Außenministerium der Ansicht waren, daß Dulles immer dann am unberechenbarsten und gefährlichsten reagierte, wenn er nicht umfassend informiert wurde. Es blieb uns daher praktisch nichts anderes übrig, als einige unserer Leute in den britischen Geheimdienst einzuschleusen. Wir konnten natürlich davon ausgehen, daß die Russen bereits dasselbe getan hatten, und sahen nicht ein, weshalb wir hier vornehme Zurückhaltung üben sollten. Sicher hatten auch die Briten mittlerweile versucht, unseren Geheimdienst zu infiltrieren, möglicherweise sogar mit Erfolg.

Unsere Aufgabe war, wie ihr euch denken könnt, ausgesprochen delikat. Als unsere Verbündeten erwarteten die Briten natürlich, daß die Sowjets mit ihren Agenten den britischen Geheimdienst zu unterwandern versuchen würden, und nahmen dies mit philosophischer Gelassenheit und ohne größere Ressentiments hin. In unserem Fall allerdings mußten sie erwartungsgemäß empört reagieren. Immerhin waren wir Freunde und Verbündete. Schon aus diesem Grund mußten wir wesentlich vorsichtiger sein als die Russen.

Die Information, um die es hier geht, erreichte uns jedenfalls auf Umwegen. Sie bestand aus einem Datum, dem achten Juni. Was wirklich dahintersteckte, tut hier nichts zur Sache.

Jedenfalls planten die Briten am achten Juni eine Aktion, deren Durchführung uns eine willkommene Gelegenheit bieten konnte, das russische Vorgehen in Osteuropa in angemessener Weise zu beantworten. Hätten wir allerdings von dem britischen Vorhaben nichts geahnt, hätten wir auf die sowjetischen Aktionen reagiert, ohne die entscheidenden Informationen zu besitzen.

Tut mir leid, wenn das alles ziemlich kompliziert klingt, aber im Irrgarten von Spionage und Spionageabwehr gibt es nie einen direkten Weg.

Wir dachten also, das entscheidende Datum für die britische Aktion zu kennen. Wir trafen daher in dem mehr oder weniger sicheren Wissen um die Absichten der Regierung in London unsere Vorbereitungen und mußten erleben, daß am achten Juni überhaupt nichts passierte.

Für uns stellten sich natürlich mehrere Fragen. Bedeutete es, daß die Briten ihre Absicht geändert hatten? Oder war das Loch im britischen Geheimdienst gestopft und uns absichtlich eine Falschinformation zugespielt worden, um uns eine Lektion zu erteilen?

Oder hatte jemand schlicht einen Fehler gemacht?

Es vergingen mehrere Tage, und die Spannung in Washington wuchs ins Unerträgliche. In den Büros des Geheimdienstes fragte man sich, wie lange die Panne noch vor Dulles geheimgehalten werden konnte.

Schließlich schaltete man mich ein. Das geschah üblicherweise immer dann, wenn die Situation ausweglos und verfahren zu sein schien.

In diesem Fall wäre es mir allerdings lieber gewesen, man hätte mich nicht in die Sache verwickelt. Schließlich hatte ich nie ein Hehl aus meiner Abneigung gegen Dulles', meiner Ansicht nach verhängnisvollen Politik im Nahen Osten gemacht, und war deshalb beim Geheimdienst in Ungnade gefallen. Als mein Freund Jim mich jedoch um Hilfe bat, konnte ich wieder einmal nicht »Nein« sagen.

Tja, ich habe einfach ein zu weiches Herz.

Nachdem Jim mir die Situation erklärt hatte, sagte ich: »Es sieht also ganz so aus, als hättet ihr zwar ein Datum, aber eben das falsche, was? Wie soll ich euch da helfen?«

»Tja, es ist so«, begann Jim, dem der Schweiß bereits auf der Stirn stand. »Ich bin offen gestanden fest überzeugt, daß unser Mann in London noch nicht aufgeflogen ist. Alle Anzeichen sprechen dagegen. Einer gewissen Schadenfreude hätten sich die Briten bestimmt nicht erwehren können, wenn es ihnen gelungen wäre, uns mit dem falschen Datum eine Lektion zu erteilen. Ich werde das Gefühl nicht los, daß da ein dummer Fehler passiert ist. Deshalb müssen wir rauskriegen, wann die Aktion der Briten wirklich geplant ist.«

»Dann fordert von eurem Mann in London eine Bestätigung seiner Nachricht«, schlug ich vor.

»Das ist unmöglich. Zur Zeit ist er für uns unerreichbar. Die Briten haben ihm einen Auftrag gegeben, den er nicht abschlagen konnte. Auch wenn er für uns arbeitet; er ist schließlich Engländer. Wir haben deshalb keine Ahnung, wo er sich zur Zeit aufhält, und da er nicht weiß, daß wir im Schlamassel sitzen, besteht für ihn kein Grund, sich bei uns zu melden.«

»Trotzdem ist mir noch immer nicht klar, was ich dabei tun kann. Habt ihr die Nachricht mit dem Datum verschlüsselt oder im Klartext erhalten?«

»Im Klartext. 8. J-U-N-I. Was ist daran schon zu entschlüsseln?«

»Wie hat euer Mann in London die Nachricht übermittelt?«

»Auf Umwegen, aber sicher und ohne Komplikationen«, erwiderte Jim. »Und zwar in einer weggeworfenen Zigarettenschachtel, die ein als Stadtstreicher verkleideter V-Mann wieder aus dem Papierkorb geholt hat. In die Zigarettenpakkung hatte unser Agent mit einem Spezialstift das Datum geschrieben.

Unser V-Mann hat sich das Datum gemerkt, die Zigarettenpackung verbrannt und die Nachricht durch ganz andere Kanäle an uns weitergeleitet. Jedenfalls konnte die Meldung auf keinen Fall bis zu unserem Mann in London zurückverfolgt werden. Und der V-Mann war, wie er wohl wußte, ersetzbar.«

»Könnte es sein, daß dem V-Mann bei der Weitergabe des Datums ein Fehler unterlaufen ist?«

»Wir haben schon öfter mit ihm zusammengearbeitet, und es ist nie etwas schiefgegangen. Ja, ich weiß. Es gibt immer ein erstes Mal. Er schwört, daß ihm kein Fehler passiert sei. Die Angabe in der Zigarettenpackung lautete 8. Juni. Er hält jeden Irrtum seinerseits für ausgeschlossen.«

»Tja, in diesem Fall muß euer Mann in London irgendwie das Datum falsch mitbekommen haben, und damit sind euch praktisch die Hände gebunden . . . Es sei denn, die Briten haben die Aktion am 8. Juni planmäßig durchgeführt, ohne daß ihr davon was gemerkt habt.«

»Das ist ganz ausgeschlossen. Wenn du wüßtest, worum es sich handelt, wärst du auch meiner Meinung.«

»Was ist dann mit dem V-Mann?« fragte ich. »So gut er auch bei anderen Gelegenheiten für euch gearbeitet haben mag, er ist ein Londoner, den ihr gelegentlich . . .«

»Londoner«, entgegnete Jim gereizt. »Der Mann stammt aus Dallas, ist Absolvent einer texanischen Universität und einer unserer besten Agenten.«

»Aha! Ich glaube, jetzt geht mir langsam ein Licht auf!«

»Inwiefern?«

»Das tut jetzt nichts zur Sache«, entgegnete ich reserviert. Jim hatte mir schließlich auch nicht die ganze Wahrheit gesagt.

»Angenommen, ich gebe euch ein Ersatz-Datum«, fuhr ich gelassen fort. »Wäre es euch dann möglich, jede unüberlegte Handlung unsererseits bis dahin zu verhindern?«

»Eine Alternative? Welche?«

Ich sagte es ihm.

Jim runzelte die Stirn. »Wie kommst du darauf, daß es diese Möglichkeit gibt?«

Ich sah ihn aus meinen ehrlichen, blauen Augen eindringlich an. »Habe ich mich schon jemals getäuscht?«

»Wenn ich ehrlich sein soll . . .«

»Schon gut. Versuch die anderen hinzuhalten – und laß meine Person aus dem Spiel. Wenn Dulles erfährt, daß ich was damit zu tun habe, riskiert er lieber einen Atomkrieg, um sich nicht auf meinen Rat verlassen zu müssen.«

»Gut, versuchen wir's«, seufzte Jim.

Und die Sache hatte Erfolg. Die Aufstände in Polen und Ungarn wurden in jenem Jahr zwar blutig niedergeschlagen, aber den Vereinigten Staaten gelang der Coup, der ihnen ermöglichte, die Sowjetunion im Griff zu behalten. Die Sowjets konnten im Nahen Osten nicht eingreifen, als Großbritannien, Frankreich und Israel zum Jahresende Ägypten den Krieg erklärten. Ein nuklearer Konflikt war damit noch einmal abgewendet worden. Und das war das Wichtigste.

Also redet bitte in meiner Gegenwart nicht mehr von »Freunden und Verbündeten«.

»Dabei willst du es doch wohl nicht belassen, oder?« erkundigte ich mich bissig.

»Weshalb denn nicht?« konterte Griswold. »Ende gut, alles gut. Was wollt ihr mehr?«

»Uns interessiert, welches andere Datum du ihnen genannt hast, und wie du überhaupt darauf gekommen bist. Das ist ja wirklich nicht zuviel verlangt.«

Griswold schnaubte verächtlich durch seinen dichten, weißen Schnurrbart. Er schüttelte den Kopf.

»Hört mal«, begann er herablassend. »Unser Mann in London hat das Datum in die Zigarettenpackung geschrieben. Das ist selbst mit einem Spezialstift keine einfache Sache. Schon aus diesem Grund mußte er sich kurz fassen. Ich war also sicher, daß er eine normale Abkürzung für das Datum verwenden würde. Also zum Beispiel ›6/8‹. Findet ihr nicht auch?«

»Klingt vernünftig«, stimmte Jennings zu.

»Und der V-Mann, unser Texaner, der Jim und seinen Leuten die Nachricht auf anderem Weg weiter übermittelte, konnte es sich leisten, ›Achter Juni oder 8. Juni‹ zu schreiben.«

»Na, und?« warf Baranov ein.

»Ist euch noch nicht der Gedanke gekommen, daß nicht klar sein muß, mit welcher Zahl bei der Abkürzung 6/8 der Monat und mit welcher der Tag gemeint ist? In den Vereinigten Staaten stellt man normalerweise den Monat voran, aber im britischen Englisch wird zuerst der Tag und dann der Monat genannt. Unser V-Mann, der Amerikaner, hatte 6/8 in der Zigarettenpackung gelesen und folgerichtig den achten Juni daraus gemacht. An die Möglichkeit, es könne umgekehrt sein, hat er nie gedacht. Dabei hatte unser Mann in London, der Brite, den sechsten August gemeint. Und das war die Alternative, die ich meinen Freunden vom Geheimdienst genannt habe. Und wie sich herausstellte, war es das korrekte Datum.«

17.
Wer ist wer?

Ich war in gereizter Stimmung. Aber ich wußte, daß sie nicht lange anhalten würde. Ich hatte ein Glas guten Sherry in der Hand, räkelte mich in einem bequemen Stuhl, die schläfrige, gemütliche Atmosphäre des Union Club umgab mich, und mir gegenüber saß der schlafende Griswold in seinem angestammten Sessel. Alles war vollkommen.

Trotzdem wollte ich meine schlechte Laune auskosten, solange sie andauerte. »Ich wünschte, ich wüßte, unter welchen Voraussetzungen der Bürger zur Selbsthilfe greifen und eine Verhaftung vornehmen kann. Ich weiß, es gibt nach unserem geltenden Recht eine solche Möglichkeit, aber ich habe noch nie gehört, daß davon Gebrauch gemacht worden wäre.«

»Wen willst du denn verhaften?« erkundigte sich Jennings gelangweilt. »Griswold vielleicht?«

»Weshalb sollte ich Griswold verhaften wollen?« schnaubte ich verächtlich. »Der schläft doch sowieso. Nein, ich würde am liebsten all diejenigen festnehmen, die im Lift rauchen. Das ist nämlich eindeutig ein Vergehen. Ich möchte dann am liebsten meine Handschellen rausziehen . . .«

»Handschellen?« wiederholte Baranov interessiert. »Du schleppst Handschellen mit dir herum?«

»Das war doch nur symbolisch gemeint! Ich lege dem Täter die Hand auf die Schulter . . .«

»Wenn du das tust, mein Lieber, dann verpaßt derjenige dir einen Kinnhaken, oder wenn es eine Dame ist, einen Tritt gegen das Schienbein«, belehrte Jennings mich. »Aber nehmen wir mal an, es läßt sich tatsächlich einer von unseren Mitbürgern von dir verhaften, was machst du dann? Bringst du ihn aufs nächste Polizeirevier? Dazu müßtest du natürlich wissen, wo das gerade ist. Und wenn du schon mal in einem Lift fährst, dann hast du doch sicher was zu erledigen, oder? Läßt du das einfach schießen und spielst Polizist? Willst du . . .«

»Ach, halt doch den Mund!« schnitt ich ihm das Wort ab

und war noch schlechterer Laune als zuvor.

In diesem Augenblick kam Bewegung in Griswold. Er trank einen Schluck Scotch mit Soda und sagte: »Ich habe in meiner Eigenschaft als Bürger der Vereinigten Staaten tatsächlich mal jemanden festgenommen. Zwar war ein Polizeibeamter bei dem Vorfall anwesend, doch er war nicht in der Lage, die Verhaftung vorzunehmen.«

»Aber *du* warst dazu in der Lage?« entgegnete ich böse. »Das mußt du mir schon näher erklären.«

»Ich muß gar nichts . . . es sei denn, du bittest mich in höflichem Ton darum.«

Ich wußte, daß das nicht nötig war.

Die beiden hießen Moe und Joe – begann Griswold –, und soviel mir bekannt ist, wurden sie während ihrer gesamten Verbrecherlaufbahn nie anders genannt. Selbstverständlich müssen sie auch Familiennamen gehabt haben, aber die wurden lediglich vor Gericht benutzt, und ich habe sie vergessen.

Erstaunlicherweise waren die beiden keine Zwillinge. Moe war Jude und Joe katholisch und italienischer Abstammung. Trotzdem sahen sie sich wie durch eine seltsame Laune der Natur unglaublich ähnlich. Man hätte sie jedenfalls für Zwillinge halten können, und das ist wohl auch häufig geschehen.

Sie hatten sich an der Highschool kennengelernt und beide dort den Abschluß nicht geschafft. Moe war damals mit seinen Eltern in der Nachbarschaft eingezogen und zwei Monate älter als Joe. Beide waren von ihrer Ähnlichkeit begeistert und nutzten diese für ihre Streiche und Tricks, die sie schließlich auf den Weg brachten, den sie ein Leben lang nicht mehr verlassen sollten.

Die beiden wurden enge Freunde und pflegten ihre äußerliche Ähnlichkeit, indem sie sich im selben Stil kleideten und sich in einigen charakteristischen Eigenschaften weitgehend anglichen, sobald sie sich der lästigen Familienbande entledigen konnten. Sie zogen zusammen, teilten sogar ihre Garderobe miteinander. Mit Ausnahme der Zeiten, da sie voneinander »Urlaub« machten, waren sie stets wie Zwillinge angezogen.

Allerdings achteten sie sorgfältig darauf, nur selten zusammen gesehen zu werden; eine Vorsichtsmaßnahme, die sie nur im engsten Kreis ihrer Kumpane nicht befolgten.

Im Lauf der Zeit entwickelte jeder für sich spezielle Fertigkeiten. Moe zum Beispiel war ein gerissener Betrüger, der es glänzend verstand, harmlosen Bürgern Geld abzuschwatzen, während Joe sich seine finanziellen Mittel mit derselben Geschicklichkeit als Taschendieb verschaffte.

Beide hatten es sich zum Grundsatz gemacht, sich nie auf größere Sachen einzulassen. Sie erschwindelten und stohlen gerade so viel, daß sie ein angenehmes Leben ohne Arbeit führen konnten. Und ich nehme an, die kleinen Risiken des täglichen Lebens verschafften ihnen einen angenehmen Nervenkitzel.

Dabei waren sie wiederum auch nicht draufgängerisch. Sie versuchten eher die Risiken auf ein Minimum zu beschränken, wobei ihnen ihre täuschende Ähnlichkeit zugute kam. Sobald nämlich einer von beiden ein »größeres Ding« vorhatte, sorgte der andere für das nötige Alibi.

Führte zum Beispiel Joe einen Wohnungseinbruch aus, spielte Moe in aller Öffentlichkeit und ganz legitim mit mindestens sechs Personen eine Runde Poker. Wurde Joe nun bei seinem Einbruch gesehen und die Polizei ermittelte gegen ihn, konnte er Moes Alibi präsentieren.

Kam die Polizei tatsächlich einmal auf die Idee, und das passierte selten, daß die beiden zusammenarbeiteten, gelang es ihr nie, bei einer Gegenüberstellung die Zeugen zu veranlassen, eindeutig den einen oder anderen zu belasten. Die Polizei mußte sich also meistens mit einer Verwarnung von Moe und Joe begnügen, wodurch sich die beiden allerdings kaum einschüchtern ließen.

Moe und Joe machte dieses Spiel Spaß. Gelegentlich klaute Moe zum Beispiel ganz ungeniert an einem Obststand zwei Äpfel und lief damit bis zur nächsten Ecke. Es dauerte meistens einige Minuten, bis sich der Obsthändler von seinem Schock über Moes Unverfrorenheit erholt hatte und laut schreiend hinter diesem herrannte. Moe verschwand hinter der Straßenecke, und kaum hatte der Händler ihn eingeholt, standen plötzlich Moe und Joe vor ihm und deuteten grinsend aufeinander.

Da beide, was die Größenordnung ihrer Beute betraf, bescheiden blieben, erwarben sie sich im Lauf der Zeit ein kleines Vermögen, ohne bei Polizei oder in der Öffentlichkeit allzuviel Aufsehen zu erregen. Ihr Wohlstand schlug sich vor allem in ihrem Lebensstil nieder. Sie kleideten sich zunehmend eleganter, trugen Krawatten mit auffälligen Mustern, und da beide kurzsichtig waren, trugen sie Polaroid-Brillen, deren Gläser je nach Lichtstärke ihre Tönung veränderten. Sie gingen zum selben Friseur und trugen die gleichen Schirme bei sich, sobald es auch nur andeutungsweise nach Regen aussah.

Das alles heißt jedoch nicht, daß man die beiden nicht hätte auseinanderhalten können. Moe war ungefähr einen Zentimeter größer als Joe, sie hatten unterschiedliche Zähne, und ihre Brillengläser waren von unterschiedlicher Stärke. Außerdem hatte Joe eine winzige Narbe hinter dem Ohr, und Moes Augenbrauen waren buschiger. Für den zufälligen Zeugen einer Straftat waren das jedoch keine Kriterien, mit deren Hilfe sie die beiden mit absoluter Sicherheit hätten unterscheiden können.

Vermutlich hätten Moe und Joe ewig so weitergemacht, wäre nicht eines Tages ihre Glückssträhne abrupt abgerissen. Aber einmal muß sich das Glück eben wenden, besonders, wenn man es häufig auf die Probe stellt.

Joe hatte einen kleinen Juwelierladen ausgekundschaftet, in dem er seinen nächsten Coup landen wollte. Er plante, sich zur Mittagszeit, wenn das Geschäft erfahrungsgemäß am besten ging und die meisten Kunden kamen, einige Ringe zeigen zu lassen und dabei ein Exemplar mit einer billigen Imitation zu vertauschen. Für den Fall, daß etwas schiefging, hatte er Moe in der Empfangshalle eines nahe gelegenen Hotels postiert.

Und diesmal ging tatsächlich etwas schief. Auch der geschickteste Taschenspieler greift gelegentlich daneben. Ein anderer Kunde stieß Joe unabsichtlich an, und dieser ließ den Ring fallen. Der Inhaber des Juwelierladens, der den Vorfall beobachtet hatte, zog sofort die richtigen Schlüsse daraus. Da der Mann in der Vergangenheit öfters bestohlen worden war, hatte er genug davon und richtete eine Pistole auf Joe.

Die anderen Kunden wichen erschrocken zur Seite, und Joe, der nie Gewalt angewendet hatte, geriet in Panik. Er versuchte sofort dem Juwelier die Waffe zu entreißen, um ihn am Schießen zu hindern. Im anschließenden Handgemenge löste sich dann plötzlich ein Schuß.

Wie in solchen Fällen üblich, traf die Kugel den unschuldigen Bürger. Der Juwelier sank zu Boden, und Joe rannte völlig kopflos aus dem Laden, um Moe im nahe gelegenen Hotel abzuholen und so schnell wie möglich die Stadt zu verlassen.

Doch ein Unglück kommt selten allein. Normalerweise lassen sich heutzutage Polizeibeamte nur noch selten auf der Straße blicken, aber ausgerechnet vor dem Juwelierladen stand einer. Er hörte den Schuß, sah einen Mann herausrennen und lief hinterher.

Tja, und um den Kohl richtig fett zu machen, war natürlich auch ich in der Nähe. Gegen so viele ungünstige Zufälle hatte Joe keine Chance.

Es war ein strahlend schöner Tag. Kein Wölkchen stand am Himmel, und auf der Straße drängten sich die Menschen. Im Gewühl hätte man Joe eigentlich leicht aus den Augen verlieren können, hätten ihn die vielen Passanten auf der Flucht nicht behindert. Außerdem trug er ein kariertes, grellblaues Jackett, das in der Menge gut auszumachen war.

Der Polizist, dem Joe kein Unbekannter war, konnte wegen der vielen Menschen von seiner Schußwaffe keinen Gebrauch machen, und von den Passanten war insofern keine Hilfe zu erwarten, da sich niemand in die Sache verwickeln lassen wollte.

Es blieb uns also nichts anderes übrig, als hinter Joe herzulaufen, was gar nicht so einfach war. Weder der Polizeibeamte noch ich waren in guter Kondition.

Zu unserem Glück jedoch setzte Joe seine Flucht nicht fort, sondern verschwand nur eineinhalb Block weit vom Tatort entfernt in jenem Hotel, in dem Moe wartete. Zehn Sekunden später war auch der Polizeibeamte dort, und ich folgte ihm mit einem Abstand von weiteren fünfzehn Sekunden.

Dort in der Hotelhalle stand Joe neben Moe. Beide trugen blaukarierte Jacken, Hosen in einem dunkleren Blau, schwarze Ledergürtel und Krawatten. Moe spielte die Rolle seines Lebens. Sein Haar war zerwühlt wie das von Joe, und er atmete keuchend und schwer. Ebenso wie bei Joe glänzte seine Stirn feucht. Bei ihm war das wohl eher die Aufregung.

Joe brachte sogar ein Grinsen zustande und deutete auf Moe. »Der Bursche hier ist gerade erst gekommen. Er schien's verdammt eilig zu haben.«

Moe grinste ebenfalls und deutete auf Joe. »Unsinn, das war er!«

Der Polizeibeamte starrte von einem zum anderen und schrie: »Hat jemand gesehen, welcher von diesen beiden Witzbolden gerade hereingerannt kam?«

Ebensogut hätte er fragen können, ob jemand den zweiten Vornamen seiner Tante Jemima kenne.

In der Zwischenzeit hatte ich mich allerdings einigermaßen von der anstrengenden Verfolgungsjagd erholt. Ich legte Joe die Hand auf die Schulter und sagte: »Officer, das ist der Mann, und ich nehme ihn vorübergehend in Ausübung meiner Bürgerrechte fest, bis Sie das kraft Ihres Amts tun können.«

Der Polizeibeamte kannte mich nicht. »Weshalb sind Sie sich Ihrer Sache so sicher?« erkundigte er sich.

»Das müßten Sie eigentlich selbst sehen«, erwiderte ich. »Außerdem können wir sicher mit der Hilfe seines Komplicen oder Zwillingsbruders rechnen, denn es handelt sich hier ja nicht nur um Diebstahl. Ein Schuß ist gefallen, mein Freund«, wandte ich mich an Moe, dessen Namen und Vergangenheit ich zu diesem Zeitpunkt noch gar nicht kannte. »Und daraus könnte leicht eine Anklage wegen Mord in Tateinheit mit schwerem Diebstahl werden. Wollen Sie es wirklich riskieren, wegen Beihilfe zur Flucht eines Schwerverbrechers belangt zu werden?«

Moe warf Joe einen entsetzten Blick zu. Damit waren die Fronten geklärt.

Alles weitere war kein Problem mehr. Der Juwelier war zwar nur verwundet, aber Joe wurde zu einer langen Haftstrafe verurteilt, und Moe hatte eine Lektion erteilt bekommen, die er so schnell nicht vergessen würde.

Auf Griswolds Gesicht zeichnete sich deutlich jene selbstgefällige Genugtuung ab, die ihn immer dann überkommt, wenn er von seinen Heldentaten erzählt. »Und woher hast ausgerechnet du gewußt, welcher von beiden gerade erst die Hotelhalle betreten hatte?« erkundigte sich Baranov.

»Ja, und vor allem, weshalb wurde es vor Gericht als Beweis akzeptiert?« fragte Jennings.

»Also, das war ein Kinderspiel«, erklärte Griswold mit verächtlichem Blick auf unsere Runde. »Ich habe euch doch erzählt, daß Moe und Joe Polaroid-Brillen trugen, deren Gläser sich je nach Lichtstärke verändern. Draußen werden sie dunkel und drinnen hell. Derjenige von beiden, der gerade von draußen hereingekommen war, hatte also im Gegensatz zum anderen eine Brille mit wesentlich dunkleren Gläsern auf. Darauf habe ich den Polizeibeamten noch rechtzeitig aufmerksam gemacht, bevor sich die Gläser unter den veränderten Lichtverhältnissen im Hotel erneut verändern konnten. Moe, der die Aussichtslosigkeit der Lage erkannte, war sofort bereit, gegen seinen Freund auszusagen, um die eigene Haut zu retten.«

18.

Das Sternzeichen

»In der heutigen Zeitung wird mir eine glückliche Hand in Geldangelegenheiten vorausgesagt«, verkündete Baranov. »Ich habe also sofort mit einem Freund um fünfzig Cents gewettet, daß es am Nachmittag nicht regnet. Und was ist, wie ihr wißt, passiert? Es goß in Strömen. Soll ich die Zeitung verklagen?«

»Mit dieser Voraussage spielst du vermutlich auf die Zeitungshoroskope an, was?« fragte ich mit vernichtendem Blick, denn ich hatte vorsorglich einen Schirm mitgenommen.

»Glaubst du, ich habe die Wettervorhersage gemeint?«

entgegnete Baranov gereizt. »Selbstverständlich rede ich von den Horoskopen. Wer sonst sollte mir eine glückliche Hand in Geldangelegenheiten prophezeien?«

»In der Wettervorhersage hieß es ›teilweise bewölkt‹«, mischte Jennings sich ein. »Von Regen ist keine Rede gewesen.«

So schnell ließ ich mich jedoch nicht ablenken. »Eine dumme Frage ist noch längst nicht so schlimm wie der Glaube an diesen Hokuspokus. Seit wann ersetzt die Astrologie bei dir den gesunden Menschenverstand?«

»Es macht mir Spaß, die Zeitungshoroskope zu lesen«, verteidigte sich Baranov steif. »Außerdem kann ich mir den Verlust von fünfzig Cents leisten.«

»Die Frage ist allerdings, ob du dir auch diesen geistigen Abstieg leisten kannst«, konterte ich bissig.

Aus Griswolds Lieblingssessel in der Bibliothek des Union Clubs, wo wir uns wie immer versammelt hatten, kam leises Schnarchen. Alle Blicke wanderten in seine Richtung, als er plötzlich die Stellung wechselte, ohne auch nur einen Tropfen aus dem Glas Scotch mit Soda in seiner Hand zu verschütten.

»Über welches Thema wir auch sprechen«, flüsterte ich, »Griswold fühlt sich stets an eine Geschichte erinnert, die er erlebt hat. Aber ich bin sicher, daß er diesmal mit keiner Heldentat aufwarten kann, wenn wir ihn aufwecken und über Astrologie reden.«

»Die Wette nehme ich an«, meldete sich Baranov eifrig. »Ich setze fünfzig Cents. Vielleicht mache ich meinen Verlust wieder wett.«

In diesem Augenblick führte Griswold sein Glas an die Lippen. Ohne die Augen zu öffnen, trank er genüßlich einen Schluck und sagte: »Zufällig kann ich auch eine astrologische Geschichte erzählen. Also rück den halben Dollar heraus.«

Die letzte Bemerkung war an mich gerichtet, und Griswold schlug die Augen auf, um seiner Forderung Nachdruck zu verleihen.

»Zuerst will ich die Geschichte hören«, entgegnete ich.

Eine der schwierigsten Aufgaben eines Geheimagenten ist es, andere Agenten anzuwerben – behauptete Griswold. Wie überredet man jemand dazu, sein Land zu verraten, ohne die eigene Position preiszugeben?

Ebenso problematisch ist übrigens die Lage der Person, die angeworben werden soll. Es hat Fälle von vollkommen loyalen Regierungsbeamten – ob nun aus der Zivilverwaltung oder dem Militärdienst – gegeben, die sich anwerben ließen, weil sie tatsächlich nicht begriffen, was gespielt wurde, oder weil sie glaubten, ihr Gesprächspartner mache Witze.

Wenn solche Leute dann, falls überhaupt, ihren ersten Bericht liefern, hat ein Beamter vom Staatsschutz manchmal schon Verdacht geschöpft, so daß ihre Karriere beendet ist, bevor sie überhaupt etwas Illegales getan haben.

Ich habe schon Fälle erlebt, wo der mit der Anwerbung betraute Agent absichtlich Mißtrauen gegen das Opfer gesät hat, um den Armen gegen den eigenen Staat aufzubringen, weil er zu Unrecht verdächtigt worden war. Die betroffene Person läßt sich dann meistens problemlos anwerben.

Der Mann, von dem ich euch erzählen möchte und den ich hier einfach Davis nenne, ist solchen Fußangeln aus dem Weg gegangen.

Er meldete einen ersten Annäherungsversuch durch einen Geheimagenten seinem Vorgesetzten, den wir Lindstrom nennen wollen, schon in einem Stadium, da es sich nur um ein harmloses Gespräch hätte handeln können. Aber die Sache passierte in jenen Jahren, in denen Senator McCarthy die öffentliche Meinung vergiftete und Staatsbeamte in eine Art Hysterie versetzte.

Davis war ein ehrlicher Mann. Obwohl er den Vorfall meldete, weigerte er sich, den Namen des Armeeangehörigen zu nennen, der ihn angesprochen hatte. Er begründete sein Verhalten damit, daß es sich vielleicht doch nur um eine harmlose Unterhaltung gehandelt haben konnte, und er nicht mutwillig die Karriere eines Unschuldigen zerstören wollte.

Diese Haltung brachte Lindstrom in eine prekäre Lage. Falls etwas schiefging, stand auch seine Stellung auf dem Spiel. Aber er war ebenfalls ein ehrlicher Mann, akzeptierte Davis' Vorbehalt, sagte ihm seine Unterstützung zu, und wies ihn an, so lange mitzuspielen, bis er sicher sein konnte, daß der betreffende Mann tatsächlich ein Verräter war. Dann erst sollte er den Namen dieser Person preisgeben.

Es lohnte sich, Davis als Agent anzuwerben. Meine Geschichte spielt in einer Zeit, als Computer allmächtig zu werden begannen, und Davis war einer der wenigen Beamten, die Zugang zu den statistischen Daten der Regierung hatten und damit in der Lage waren, in kürzester Zeit auch ohne Hilfe eines Computers persönliche Angaben über jeden einzelnen von Millionen von Menschen hervorzuzaubern.

Mit Davis hätte man daher das Instrument für eine Erpressungskampagne nie dagewesenen Ausmaßes in der Hand gehabt. Doch Davis, selbst Junggeselle, der sich Egoismus leisten konnte, dachte nur an eines, nämlich an sein Hobby.

Davis beschäftigte sich intensiv mit Astrologie. Allerdings erstellte er weder Horoskope noch sagte er anderen die Zukunft vorher. Sein Interesse war rein wissenschaftlicher Art. Er vrsuchte herauszufinden, ob sich tatsächlich eine Verbindung zwischen den Tierkreiszeichen und dem Charakter und den Lebensumständen eines Menschen herstellen ließ. Konkret untersuchte er, ob zum Beispiel die unter dem Tierkreiszeichen des Löwen Geborenen zum überwiegenden Teil Sportler waren, oder die Steinbock-Geborenen hauptsächlich wissenschaftliche Berufe ergriffen.

Ich bezweifle, daß er dabei je zu einem brauchbaren Ergebnis gekommen ist. Trotzdem war Davis von seinem Hobby wie besessen. In seiner Abteilung kursierte der Spruch, daß er sich oft nicht die Namen von Menschen merken konnte, wohl aber wußte, unter welchem Tierkreiszeichen sie geboren waren.

Schließlich gelangte Davis zu der Überzeugung, daß der Anwerbungsversuch ernst zu nehmen sei, und beschloß der Sache ein Ende zu machen. Er unterrichtete Lindstrom davon, daß der Mann ihn in seiner Wohnung besuchen würde, um letzte Einzelheiten zu besprechen, und daß er, Davis, Lindstrom gegen Mitternacht persönlich über den Verlauf der Unterhaltung informieren wolle.

Leider hatte Davis keine Erfahrung in diesen Dingen. Der Anwerber ahnte wohl, daß Davis seine Vorgesetzten ins Vertrauen ziehen würde, und wählte den direktesten Weg, ihn daran zu hindern.

Als Davis nicht zu der mitternächtlichen Verabredung mit Lindstrom erschien, fuhr Lindstrom zu dessen Wohnung. Er fand seinen Untergebenen dort mit Messerstichen auf.

Allerdings war Davis noch nicht tot. Der Schwerverletzte öffnete die Augen und starrte Lindstrom mit glasigem Blick an. Davis lag mit dem Oberkörper über einem kleinen Tisch und versuchte mit letzter Kraft nach vier Karteikarten zu greifen, die alle blutbefleckt waren.

»Hätte . . . es . . . wissen müssen«, brachte Davis mühsam heraus. »Tierkreis . . . zeichen . . . paßt . . . nicht . . . zum Namen.« Dann starb er.

Am darauffolgenden Tag gegen Mittag erhielt ich einen Anruf von Lindstrom, der mich bat, sofort zu ihm zu kommen. Ich zögerte, denn ich hatte eigentlich vorgehabt, mir das erste Spiel der Baseball-Mannschaft in meinem nagelneuen Fernsehapparat anzusehen, aber Lindstrom war so aufgeregt, daß ich keine andere Wahl hatte.

Als ich kam, hatte Lindstrom gerade eine Unterredung mit einem jungen Lieutenant, der noch niedergeschlagener wirkte als Lindstrom. An diesem Tag mußte die gesamte Abteilung völlig aus dem Häuschen gewesen sein. Kaum hatte ich Lindstroms Büro betreten, verabschiedete dieser hastig den Lieutenant und rief ihm noch gedankenlos hinterher: »Und herzlichen Glückwunsch zum Geburtstag.«

Lindstrom wartete, bis der Lieutenant gegangen war, öffnete dann vorsichtig die Tür, vergewisserte sich, daß der Korridor leer war und kehrte dann zu mir zurück.

»Sind Sie sicher, daß wir hier nicht abgehört werden können?« erkundigte ich mich sarkastisch.

»Ich habe alles nach Wanzen abgesucht. Es ist alles in Ordnung«, erwiderte er ernst. Dann berichtete er, was geschehen war.

»Schlimme Sache«, murmelte ich.

»Es ist eine Katastrophe«, entgegnete er. »Einer meiner Leute kannte den Namen eines Verräters unserer Abteilung, und ich habe ihn nicht gezwungen, ihn mir zu nennen. Jetzt habe ich den Mitarbeiter verloren – und den Verräter – und

McCarthy wird sicher meinen Kopf fordern.«

»Muß er es denn unbedingt erfahren?«

»Natürlich. Es gibt in dieser Abteilung mindestens eine Person, die ihm ständig Bericht erstattet.«

»Haben Sie irgendwelche Anhaltspunkte?«

»Nein, eigentlich nicht. Die vier Karteikarten auf dem Tisch gehörten Davis. Er benutzte sie für seine Statistik über die möglichen Beziehungen zwischen Tierkreiszeichen und Charakter von Menschen. Das war sein Hobby. Aber lassen Sie mich erklären.« Und das tat er dann auch.

»Und weshalb lagen die vier Karteikarten auf dem Tisch?« erkundigte ich mich, als er geendet hatte.

»Keine Ahnung. Vielleicht haben sie gar keine Bedeutung. Jedenfalls galten sie vier Beamten dieser Abteilung, aber ich weiß nicht, was er damit vorhatte. Allerdings hat er in den letzten Minuten vor seinem Tod vergeblich versucht, nach einer der Karteikarten zu greifen, und dabei etwas von einer Diskrepanz zwischen Namen und Tierkreiszeichen gemurmelt.«

»Aber den Namen hat er nicht genannt?«

»Nein. Er lag im Sterben. Sein letzter Gedanke galt seinem Hobby, der verdammten Astrologie.«

»Dann wissen Sie also nicht, welche der vier Karteikarten er in die Hand nehmen wollte?«

»Nein. Und solange wir unserer Sache nicht sicher sind, stehen alle vier unter Verdacht. Und falls McCarthy sich einschaltet, können diese vier ihre Karriere an den Nagel hängen, Griswold. Sagen Sie, kennen Sie die Tierkreiszeichen?«

»Selbstverständlich. Widder, Stier, Zwilling, Krebs, Löwe, Jungfrau, Waage, Skorpion, Schütze, Steinbock, Wassermann und Fisch. Es sind zwölf und sie stehen in dieser Reihenfolge. Der Widder beherrscht den Monat, der am einundzwanzigsten März beginnt und dann folgt Monat für Monat ein anderes Tierkreiszeichen, bis sich der Kreis mit dem Fisch wieder schließt.«

»Ja, richtig«, sagte Lindstrom. »Ich hatte mir schon so den Kopf zerbrochen, ob er wohl mit seinen letzten Worten mir doch einen Hinweis geben wollte. Die einzige Möglichkeit wäre die, daß das Tierkreiszeichen, unter dem der Beamte geboren wurde, nicht mit seinem Namen übereinstimmt. Auf den Karteikarten stand außer dem Namen und den persönlichen Daten des jeweiligen Mitarbeiters auch sein Tierkreiszeichen.«

»Gibt es dabei irgendwelche offensichtliche Diskrepanzen?«

»Nein. Der Zufall will es, daß die vier Beamten ausgesprochen gängige Namen haben. Sie heißen Joseph Brown, John Jones, Thomas Smith und William Clark. Ich kann da beim besten Willen keine Beziehung zu den Tierkreiszeichen herstellen.«

»Ist jeder der vier unter einem anderen Tierkreiszeichen geboren?« erkundigte ich mich.

»Ja.«

»Und was soll ich nun tun?«

Lindstrom sah mich verzweifelt an. »Helfen Sie mir. Ich habe die Karteikarten. Wir haben sie auf Fingerabdrücke untersucht und nur die von Davis gefunden. Sehen Sie sich die Karten bitte an. Vielleicht entdecken sie etwas, das Davis' letzten Worten Sinn gibt.«

»Vielleicht kenne ich die Antwort bereits. Der junge Lieutenant, der bei Ihnen war, als ich kam«, begann ich. »Es ist mir aufgefallen, daß Sie erst mit mir gesprochen haben, nachdem sie sich vergewissert hatten, daß er fort war. Gehört er zu den vier Beamten, die auf der Liste stehen?«

»Ja. Er heißt Tom Smith.«

»Dann ist er der Mann, den Sie suchen. Nach seinem Gesichtsausdruck zu schließen, ist er in schlechter Verfassung. Rufen Sie ihn zu sich und nehmen Sie ihn im Beisein eines Zeugen ins Kreuzverhör. Ich bin sicher, er gesteht.«

Und er gestand. Wir hatten den Verräter, und die drei Unschuldigen, einschließlich Lindstrom, waren gerettet.'

Griswold lehnte sich mit selbstgefälliger Miene zurück. »Griswold, die Geschichte ist erfunden«, sagte ich. »Es ist ganz unmöglich, den Schuldigen auf Grund der wenigen Informationen zu benennen.«

Griswold musterte mich hochmütig. »Für dich vielleicht. Ich habe erzählt, daß es während der ersten Spiele zur Baseball-Meisterschaft passiert ist. Es war also Anfang Oktober. Vom 22. September bis zum 22. Oktober regiert das Tierkreiszeichen Waage. Lindstrom hatte Smith zum Geburtstag gratuliert. Er mußte also unter dem Tierkreiszeichen Waage geboren sein.«

»Na und?« warf ich gereizt ein.

»Davis hatte gesagt, *der Name* passe nicht zum Tierkreiszeichen. Damit war allerdings nicht der Name des *Mannes* gemeint. Die Sternzeichen sind Teile des Zodiakus. Das Wort kommt aus dem Griechischen und bedeutet Tierkreis. Und wenn wir die Menschen auch zum Tierreich zählen, dann bleibt nur ein Zeichen, das nicht zu Widder, Stier, Krebs, Löwe, Skorpion, Steinbock, Fisch, Zwilling, Jungfrau, Schütze und Wassermann paßt, nämlich die Waage. Sie ist das einzige Sternzeichen, das nicht in den *Tier*kreis paßt. Da die Karteikarten vier Beamten derselben Abteilung zugeordnet waren, und ich einem Lieutenant begegnet war, der ausgesprochen schlecht aussah und außerdem unter dem Tierkreiszeichen Waage geboren worden war, schloß ich daraus, daß, falls sein Name auf einer der Karteikarten stand, er derjenige sein mußte, der nicht in das Schema paßte. Er war demnach der Mörder. Und wie sich herausstellte, hatte ich recht.«

Ich bezahlte Baranov also den halben Dollar, und der gemeine Kerl steckte ihn auch noch ein.

19.

Die Fuchsjagd

»Drogen sind ein spezifisches Problem des zwanzigsten Jahrhunderts«, bemerkte Jennings nachdenklich. »Von jeher haben Menschen Pflanzenblätter gekaut, um durch die darin enthaltenen aufputschenden Stoffe wie Kokain, Haschisch oder Nikotin die nüchternen Realitäten des täglichen Lebens zu vergessen. Und niemand hatte je Angst vor Sucht, körperlichen Schäden und einer verkürzten Lebenserwartung. Früher lag die durchschnittliche Lebenserwartung sowieso bei fünfunddreißig Jahren oder darunter.«

»Ich weiß«, seufzte Baranov. »Manchmal denke ich, man sollte den Leuten ihren Willen lassen. Raubüberfälle werden verübt, weil ein Süchtiger dringend Geld für einen ›Schuß‹ braucht, und nicht, weil er sich gerade was gespritzt hatte. Ich möchte nicht unbedingt sterben, weil jemand sein Rauschgift nicht kriegt. Mein Leben ist mir wichtiger als das eines Süchtigen.«

Es kostete mich einige Überwindung, die vornehme Stille des Union Clubs nicht zu verletzen und meine Wut zu zähmen. »In eure Dickschädel geht es vermutlich nicht rein, daß Drogen nicht ausschließlich von Faulenzern, gescheiterten Studenten und Slumbewohnern genommen werden, was? Das ist eine verdammt oberflächliche Betrachtungsweise. Wir alle, wir und unsere Kinder, sind potentielle Opfer. Im übrigen stehen uns dank unserer tüchtigen Chemiker heutzutage härtere Drogen zur Verfügung, als man sie je in der Geschichte der Menschheit herstellen konnte.«

»Ah, diese liberalen Wirrköpfe!« seufzte Baranov mit verächtlich herabgezogenen Mundwinkeln. »An allem ist wieder einmal die Gesellschaft schuld. Selbst wenn wir versuchen würden, der Drogensucht ein Ende zu machen, würden wir versagen. Also?«

»Gut, dann versagen wir eben. Aber zuvor müßten wir's erst mal versuchen«, entgegnete ich ernst. »Wenn wir nichts dagegen unternehmen . . .«

Aus den Tiefen des Lehnstuhls kam Griswolds dunkle Stimme: »Habt Ihr schon mal was gegen Drogenmißbrauch unternommen? Oder redet ihr nur schlau daher?«

»Und du?« stellte ich die Gegenfrage. »Hast du was dagegen getan?«

»Gelegentlich«, erwiderte Griswold.

»Ach, wirklich?« warf Jennings ein. »Warst du vielleicht mal beim Rauschgiftdezernat der Polizei?«

»Nein, aber ich bin von Beamten des Rauschgiftdezernats konsultiert worden. Man hat mich schon in allen möglichen Angelegenheiten um Rat gefragt, unter anderem auch in Fällen von Drogenmißbrauch. Aber das interessiert euch ja nicht.«

»Wenn wir dir damit eine Freude machen können, lieber Griswold«, entgegnete ich spöttisch. »Also, erzähl schon.«

Das Problem bei Theorien auf dem Gebiet der Kriminalistik ist, daß sie dem einzelnen Vollzugsbeamten die Arbeit keinesfalls erleichtern – begann Griswold.

Ein Polizist, ein Finanzbeamter oder ein Geheimagent wird seinen Aufgaben nicht dadurch gerecht, daß er über die Auswirkungen sozialer Reformen oder psychiatrischer Gutachten nachdenkt. Jedes Verbrechen stellt ihn vor neue Probleme, denn kein Tatbestand und kein Täter gleicht dem anderen.

Alles läßt sich im Endeffekt auf ein ganz simples Katz- und Mausspiel reduzieren.

Das traf auch im Fall von Lieutenant Hoskins – der Name ist selbstverständlich frei erfunden – zu. Hoskins arbeitete beim Rauschgiftdezernat einer bestimmten Stadt und mußte mit den spezifischen Problemen seines Zuständigkeitsbereichs fertig werden.

Alles begann mit einer allgemeinen Kampagne der Presse, die das Problem einer ständigen wachsenden Drogenkriminalität aufgriff. Der Drogenmißbrauch wurde daraufhin Thema der Bürgermeisterwahl, und der Sieger versprach, mit eisernem Besen zu kehren, mit den skandalösen Verhältnissen aufzuräumen und dafür zu sorgen, daß die Schuldigen hinter Gitter kamen. Der Polizeichef gab öffentlich bekannt, er werde alle ihm zur Verfügung stehenden Einheiten auf das Problem ansetzen.

Konkret war es natürlich Hoskins, der entscheiden mußte, wie Drogenmißbrauch und Drogenhandel bekämpft werden sollten.

Es war einfach, aber nicht sehr wirksam, kleine Fixer zu ergreifen, deren Leben sowieso verkorkst war und die von den Pushers bis aufs Blut ausgesaugt wurden. Ebenso einfach war es, die Pushers zu schnappen, aber was sollte das nützen? Selbst wenn die Beweise zu einer Verurteilung ausreichten: Die Gefängnisse platzten schon aus allen Nähten, und für

Neubauten gab es keine Mittel.

Der Drogennachschub mußte bereits viel dichter an der Quelle abgeschnitten werden. Genau das war Hoskins Aufgabe.

Im Lauf der Zeit gelang es ihm, durch mühsame Kleinarbeit das Liefersystem in seiner Stadt zu rekonstruieren. Dabei stellte sich heraus, daß wichtige Lieferungen immer mit dem Auto und von einer bestimmten Person durchgeführt wurden.

Die Methode war ganz einfach. Es wurde nicht einmal der Versuch gemacht, das Rauschgift zu verstecken. Es lag in einem Behälter unter dem Sitz des Fahrers, der gewöhnlich bei Morgengrauen mit dem Auto von A nach B fuhr.

Der Fahrer entpuppte sich als wahrer Verkleidungskünstler. Er wechselte ständig mit Hilfe von Kontaktlinsen, Brillen, den unterschiedlichsten Kleidungsstücken und Masken das Aussehen, und er benutzte nie denselben Wagen oder dieselbe Route zweimal.

Die Polizei gab ihm den Spitznamen der »Fuchs«. Und im Lauf der Zeit reduzierte sich die ganze Angelegenheit auf einen Privatkrieg zwischen Hoskins und dem Fuchs. Das ging sogar so weit, daß für Hoskin die Sache selbst weniger wichtig wurde, als sein Feldzug gegen den Fuchs.

Wir tranken ein Glas Scotch zusammen, als er sich mir anvertraute. Ich bin sicher, er hatte sein Geheimnis nicht preisgeben wollen und hätte seinen persönlichen Feind lieber ohne fremde Hilfe zur Strecke gebracht, aber letzten Endes blieb ihm nichts anderes übrig, als jede Unterstützung anzunehmen, die er bekommen konnte, wenn er siegen wollte.

»Dieser verdammte Kerl scheint zu allem Übel auch noch einen sechsten Sinn zu haben«, berichtete Hoskins. »Wie oft haben wir geglaubt, seine Route erraten zu haben, haben Straßensperren errichtet und sämtliche Autos gefilzt, ohne etwas zu finden. Wenn wir dann endlich aufgaben, hatte er meistens mit seiner Lieferung das Ziel auf anderem Weg ereicht. Er scheint unsere Aktionen schon im voraus zu riechen. Was wir auch tun, er findet immer wieder ein Loch, durch das er uns entschlüpft.

Es wäre ja halb so schlimm, wenn der Mann nach einem

komplizierten System vorgehen würde«, fuhr Hoskins fort. »Aber nein, er fährt das Zeug ganz einfach von einem Ort zum anderen. Es ist eine Blamage für uns.«

»Was wissen Sie über ihn?« fragte ich.

»Nichts Genaues. Wir haben zahlreiche Hinweise, aber wir wissen nicht, wie glaubhaft die sind. Er muß mittelgroß sein, das ist alles. Ein Spitzel hat mal behauptet, er hinke leicht und sei farbenblind. Nach dieser Information haben wir den Spitzel nie wieder zu sehen gekriegt. Aus anderer Quelle haben wir erfahren, daß er gebildet sein und wie ein College-Professor reden soll. Die Frage ist nur, wie redet ein Collage-Professor. Es ist eben alles relativ.«

»Macht er diese Fahrten allein?«

»Ja. In diesem Punkt sind wir sicher«, erwiderte Hoskins. »Er scheint kaum der Typ zu sein, der einem Komplizen vertraut oder mit ihm teilt.«

»Ich dachte nur daran, daß er möglicherweise jemanden braucht, der ihm im Stadtverkehr an den Ampeln hilft, vorausgesetzt er ist wirklich farbenblind.«

Hoskins wehrte müde ab. »Verkehrsampeln sind für Farbenblinde kein Problem, habe ich mir sagen lassen. Sie können zumindest erkennen, welches der drei Lichter aufleuchtet.«

»Hätte er nicht trotzdem Schwierigkeiten gehabt, überhaupt einen Führerschein zu bekommen?«

»Ganz und gar nicht. In unserer Stadt werden die Kandidaten nicht mal auf Farbenblindheit getestet.«

Ich dachte eine Weile nach. Nach einem zweiten Glas Scotch mit Soda sagte ich schließlich: »Läßt es sich denn in etwa vorhersagen, wann und auf welcher Route die Lieferung erfolgen soll?«

»Wir haben einige Anhaltspunkte, minimale Informationen. Manchmal gelingt es uns, seine eventuelle Route und den Zeitpunkt zu erraten. Trotzdem haben wir ihn, wie gesagt, nie gefaßt.«

»Haben Sie nie daran gedacht, daß Ihre Methode mit Straßensperren, heulenden Sirenen und Schwärmen von Einsatzwagen vielleicht ein bißchen zu auffällig ist?«

»Was sollen wir denn sonst tun?«

»Zuerst einmal: keine Einsatzwagen und nur wenige Beamte in Zivil.«

»Was soll das nützen?« erkundigte sich Hoskins skeptisch.

»Postieren Sie einige Beamte an einer bestimmten Kreuzung mit Ferngläsern auf den umliegenden Hausdächern. Zwei Streifenwagen warten einige Straßen weiter und verfolgen jedes verdächtige Fahrzeug, das von den Beobachtern entdeckt wird.«

Hoskins seufzte. »Und woher sollen wir wissen, welches vorbeifahrende Auto das von uns gesuchte ist? Wenn wir den falschen Wagen erwischen, kriegt der Fuchs bestimmt sofort Wind davon und ändert seine Route oder bleibt gleich zu Hause.«

»Nein«, widersprach ich. »Wenn wir zuschlagen, dann werden wir uns den richtigen Wagen schnappen. Zumindest haben wir eine Chance, daß heißt, wenn er tatsächlich farbenblind ist, und wenn Sie meinen Rat befolgen und ihm eine Falle stellen.«

Ich erklärte Hoskins meinen Plan, und er begriff sofort, worauf ich hinauswollte. Aber das lag offen gestanden auch klar auf der Hand.

Wir mußten selbstverständlich warten, bis Hoskins wußte oder zu wissen glaubte, auf welcher Route die Lieferung erfolgen sollte. Sobald es soweit war, mußten wir uns eine Kreuzung aussuchen, die der Fuchs mit aller Wahrscheinlichkeit passieren mußte, und die im frühen Morgengrauen nicht allzu belebt war.

Die Polizei traf zum geeigneten Zeitpunkt ihre Vorbereitungen, und Hoskins und ich warteten mit Ferngläsern auf dem Dach eines nahe gelegenen Hauses.

»Glauben Sie, es funktioniert?« fragte Hoskins.

»Wenn nicht, ist nicht viel verdorben«, erwiderte ich.

Man fühlte sich einsam in der Stille des ersten Morgengrauens, doch unsere Spannung stieg, während unter uns ein Auto nach dem anderen über die Kreuzung rollte. Dann, ungefähr eine halbe Stunde vor Sonnenaufgang, hielt ein Wagen, der sich in nichts von den anderen unterschied, vor der Ampel.

»Jetzt haben wir ihn«, sagte ich.

Die Ampel schaltete um. Der Wagen fuhr weiter. Im nächsten Augenblick versperrten ihm zwei Streifenwagen den Weg. Als der Fahrer aus dem Wagen sprang und zu fliehen versuchte, wußten wir, daß wir recht gehabt hatten. Der Mann wurde verhaftet. Die Polizei stellte den Behälter mit Rauschgift sicher.

Damit war das Drogenproblem in der Stadt natürlich nicht gelöst, aber immerhin war der Nachschub einige Zeitlang empfindlich gestört. Hoskin war überglücklich, denn er hatte den Fuchs besiegt und für etliche Jahre hinter Gitter gebracht.

Griswolds Stimme war immer schläfriger geworden und verstummte schließlich ganz. »He, jetzt wird nicht geschlafen!« schimpfte Jennings sofort. »Wie hast du den Wagen des Fuchs' erkannt?«

Griswold zog die buschigen, weißen Augenbrauen hoch. »Es war ein Wagnis, aber wir haben gewonnen. Wir mußten davon ausgehen, daß, falls der Fuchs wirklich farbenblind war, er das rote Ampellicht vom grünen nur dadurch unterscheiden konnte, daß das eine oben und das andere unten angebracht war. Während wir auf Rot und Grün achteten, achtete er auf Oben und Unten.

Wir haben deshalb die Querstraße an jener Kreuzung gesperrt, damit dort kein anderer Wagen durchkam, die Ampel dann umgedreht angebracht und sie auf Dauer-Grün geschaltet.

Auf diese Weise konnten wir damit rechnen, daß nur ein Farbenblinder anhalten würde, der annehmen mußte, daß die Ampel Rot zeigte.

Als der Fuchs zur besagten Kreuzung kam, hielt er automatisch an und fuhr erst weiter, nachdem wir per Handbedienung die Ampel auf Rot geschaltet hatten. In diesem Augenblick konnten wir sicher sein, den Fuchs endlich in der Falle zu haben.«

20.

Die Safe-Kombination

Baranov kam erst, nachdem wir anderen längst unsere Plätze im Union Club eingenommen hatten. Er setzte sich mit triumphierendem Lächeln in seinen Sessel. »Schläft Griswold?« erkundigte er sich.

Ich warf einen Blick in Griswolds Richtung und zuckte mit den Achseln. »So wie der eben immer schläft.«

»Na ja. Vergessen wir ihn. Erinnert ihr euch noch an die Geschichte, als er ein Rätsel nur dadurch gelöst hat, weil er erkannt hatte, daß im Englischen bei den Zahlen unter tausend der Buchstabe ›a‹ überhaupt nicht vorkommt?«

Jennings und ich nickten.

»Das hat mich nachdenklich gestimmt«, fuhr Baranov fort. »Nehmen wir mal an, wir schreiben eine unendliche Zahlenreihe in Worten nieder . . .«

»Unmöglich«, unterbrach Jennings ihn. »Wie willst du eine unendliche Zahlenreihe niederschreiben?«

»Es ist ja auch nur eine Hypothese«, entgegnete Baranov ungeduldig. »Also wir schreiben die unendliche Zahlenreihe nieder und ordnen die Worte in alphabetischer Reihenfolge. Welche Zahl steht als erste auf unserer Liste?«

»Das kann man doch erst beantworten, wenn man sämtliche Zahlen gesehen hat . . . und wie sollte das möglich sein, wenn es sich um eine unendliche Zahlenreihe handelt?« warf Jennings eigensinnig ein.

»Weil sämtliche Zahlennamen nach einem bestimmten System gebildet werden«, entgegnete Baranov. »Die Zahlenreihe mag zwar unendlich sein, aber es gibt nur wenige Möglichkeiten, nach denen sich ihre Namen zusammensetzen. Die erste Zahl in der alphabetischen Reihenfolge ist im Englischen immer die 8, also ›eight‹. In der englischen Sprache gibt es keine Zahl, die mit ›a‹, ›b‹, ›c‹ oder ›d‹ beginnt. Na, was sagt ihr jetzt?«

»Was ist mit Billion?«

Baranov musterte mich geringschätzig. »Das ist kein Zahlenname, mein Lieber. Man schreibt in diesem Fall ›one billion‹, also eine Milliarde, und fängt somit mit ›o‹ an.«

In diesem Moment sagte Griswold, ohne sein sanftes Schnarchen deutlich zu unterbrechen: »Und wie lautet die letzte Zahl in der alphabetischen Reihenfolge?«

Ich dachte fieberhaft nach und antwortete vor allen anderen: »›Two‹, also zwei natürlich. Im Englischen fängt kein Zahlwort mit einem Buchstaben an, der nach ›T‹ im Alphabet steht. ›W‹ ist der letzte Zweitbuchstabe, und da die anderen beiden Zahlwörter, die mit ›tw‹ beginnen wie ›twelve – zwölf‹ und ›twenty – zwanzig‹ als dritten Buchstaben ein ›e‹ haben, muß ›two‹ das letzte Zahlwort in der Reihe sein.«

Ich war stolz auf diese ebenso schnelle wie brillante Antwort, doch Griswold schlug nur die Augen auf und starrte mich verächtlich an. »Und was ist mit ›Zero‹, also Null? Ich will euch mal eine Geschichte erzählen.«

Ich habe einen Freund, der Zahlenspiele liebt – begann Griswold. Er ist weder Mathematiker, noch besitzt er mehr mathematisches Talent als ich, und trotzdem macht ihm das Spiel mit Zahlen Spaß.

Dieser Freund, Archie Bates, hat nämlich entdeckt, daß man mit diesen Spielereien erfolgreich gegen Langeweile ankämpfen kann.

Wir alle sind doch gelegentlich schon in einem tödlichlangweiligen Vortrag, einem unerfreulichen Konzert oder einem uninteressanten Theaterstück gelandet.

Was tun wir in diesem Fall?

Man kann natürlich schlafen. Das allerdings kann peinlich sein, wenn man in Begleitung ist, und die anderen merken, daß man schläft. Natürlich kann man auch über irgendwelche Probleme nachdenken, vorausgesetzt es fallen einem Dinge ein, über die nachzudenken sich lohnt.

Eine dritte Möglichkeit ist, es Bates gleichzutun und Zahlenspiele zu machen. Bates fängt in solchen Fällen an, Kronleuchter, Lampen oder Wiederholungen im Tapeten- oder Wandmuster zu zählen. Langeweile kam bei ihm auf diese Weise erst gar nicht auf.

Außerdem pflegte er eine zufällig gewählte Zahlenfolge

nach einem bestimmten System zu ordnen und andere aufzufordern, das System zu ergründen und die nächste Zahl zu nennen. Bates hatte zwar nie geniale, aber doch recht amüsante Einfälle.

Mir legte er zum Beispiel die Zahlenreihe acht, fünf, vier, neun, sieben, drei, zwei, null vor. Er machte mich darauf aufmerksam, daß bei dieser Reihe nur die Zahl eins fehlte, und fragte mich, an welche Stelle sie korrekterweise eingeordnet werden müsse.

Ich brauchte eine Weile, bis ich erkannte, daß Bates die alphabetische Reihenfolge der Zahlen gewählt hatte (eight, five, four, nine, seven, three, two, zero) und daß die Zahl 1 (one) zwischen die 9 und die 7 gehörte. Aus diesem Grund war Baranovs Rätsel mir natürlich nicht mehr neu.

Bates Hobby brachte allerdings gelegentlich auch Peinlichkeiten und Verwirrung mit sich, besonders in einem Fall.

Die meisten Geschichten, die ich euch bisher erzählt habe, handelten von Schwerverbrechen wie zum Beispiel Mord und Spionage. Aber auch unbedeutende Kleinigkeiten können zum Ärgernis werden. Bei Freunden und aus persönlichem Interesse habe ich mich nie geziert, auch solche Probleme lösen zu helfen, selbst wenn sie dem Außenseiter völlig unwichtig erscheinen mögen.

Eines Tages rief Mrs. Bates mich in Archies Arbeitszimmer und zu einem Tresor. Es war ein mittelgroßes, solides Exemplar mit einem Kombinationsschloß, das aus vier Wählscheiben bestand, die jeweils in Zahlenfelder von 0 bis 9 eingeteilt waren. Nur wenn jede Wählscheibe so gedreht wurde, daß die zentrale Zahlenreihe jeweils einer Zahl der eingegebenen Kombination entsprach, konnte der Safe geöffnet werden.

»Wo brennt's denn, Mrs. Bates?« erkundigte ich mich.

»Archie hat vergangene Woche diesen Safe gekauft«, begann sie. »Wir brauchen ihn eigentlich gar nicht, aber na bitte, jetzt haben wir ihn.«

»Und?«

»Archie bewahrt unsere sämtlichen Dokumente darin auf. Ich sollte schon vor einem Monat einen Scheck ausstellen, habe es jedoch vergessen, und wenn ich diesen Scheck nicht bis heute um Mitternacht zur Post bringe, sind die Folgen sehr peinlich und unangenehm. Und Archie hat ausgerechnet mein Scheckbuch und die Adresse des Empfängers in den Safe gesperrt.«

»Und die Kombination haben Sie wohl vergessen, was?«

»Nein, ich habe sie nie gekannt. Archie hat nie mit mir darüber gesprochen. Und das Schlimmste ist, ich kann nicht mal die Herstellerfirma anrufen, weil Archie die Zahlenkombination selbst ausgearbeitet hat.«

»Weshalb rufen Sie Archie nicht einfach an?«

»Archie ist in Baltimore, aber ich habe keine Ahnung wo. Normalerweise schreibt er mir immer eine Adresse auf, wo ich ihn erreichen kann, aber diesmal muß er sie mit allem anderen in den Safe gesteckt haben.«

»Aber was soll ich dabei tun, Mrs. Bates? Ich kenne die Kombination ebenfalls nicht.«

»Ich glaube, ich habe einen Anhaltspunkt«, antwortete Mrs. Bates. »Auf dem Fußboden neben dem Safe lag ein Zettel mit einigen von Archies üblichen Zahlenreihen. Sie kennen ihn ja. Jedenfalls muß er ihm runtergefallen sein.«

Sie gab mir den Zettel. Darauf standen untereinander die Zahlen 1 – 2 – 6 – 12 – 60 – 420 – 840. Die letzte Zahl war mit einem Sternchen gekennzeichnet, und ich wußte, daß Archie damit immer die zu erratenden Zahlen markierte.

»Ich vermute, daß die nächste Zahl in dieser Reihe die Kombination des Safes ist«, erklärte Mrs. Bates. »Sie kennen ja Archies Zahlenspiele. Nur leider habe ich keine Ahnung, wie die nächste Zahl dieser Folge lautet. Bisher konnte ich nur feststellen, daß, wenn man bei 1 anfängt und es mit 2 multipliziert, 2 herauskommt, ist der Multiplikator 3, erhält man 6, multipliziert man diese Zahl wieder mit 2, ergibt das 12, dann nimmt man diese mal 5, mal 7 und wieder mal 2. Aber ich habe keine Ahnung, womit man 840 multiplizieren sollte.«

Ich lächelte flüchtig. »Das spielt keine Rolle, Mrs. Bates. Multiplizieren Sie 840 einfach mit jeder Zahl von 1 bis 9 und probieren Sie dann sämtliche Zahlenergebnisse aus. Das dauert nur ein paar Minuten. Wenn sie mit 0000 anfangen und bis 9999 jede folgende Zahl wählen, gelingt es Ihnen sicher, irgendwann den Tresor zu öffnen. Schaffen Sie jeden Versuch in nur einer Sekunde, haben Sie in genau 2¾ Stunden Ihr Ziel erreicht. Danach stellen Sie in Ruhe Ihren Scheck aus. Das System dieser Kombination ist nicht besonders gut, wissen Sie.«

Mrs. Bates machte ein verzweifeltes Gesicht. »Oh, doch, das ist es. Soviel hat Archie mir wenigstens erklärt. Er behauptet, daß bei Einstellung einer falschen Kombination die Wählscheiben durch eine spezielle Verriegelung unbeweglich gemacht werden und sich nur mit Hilfe eines Magnetschlüssels wieder lösen lassen. Und ohne diesen Schlüssel muß der Tresor mit Hilfe von Sprengstoff geöffnet werden.«

»Und ich nehme an, daß Ihr Mann diesen Schlüssel immer bei sich trägt, was?«

Mrs. Bates nickte. »Richtig. Es bleibt mir also nichts weiter übrig, als die richtige Zahlenkombination herauszufinden. Aber ich habe einfach nicht die Nerven, es auf einen Versuch ankommen zu lassen. Wenn ich mich irre, muß ich einen Schmied holen. Dann ist er kaputt, der schöne neue Safe. Archie bringt mich um.«

»Aber was kann ich in diesem Fall tun?«

Sie seufzte. »Das ist doch ganz einfach. Ich weiß von Archie, wie elegant Sie Probleme lösen, an denen sich die Polizei oder das FBI die Zähne ausgebissen haben. Weshalb sehen Sie sich nicht einfach die Zahlenreihe an und sagen mir, wie die Kombination des Safes lautet?«

»Und was passiert, wenn ich mich irre? Ich bin zwar klug, aber bei weitem kein Supermann«, erwiderte ich in meiner bekannt bescheidenen Art.

»Sicher sind Sie das nicht«, erwiderte Mrs. Bates kühl. »Falls Sie allerdings das Kombinationsschloß verriegeln, ist Archie auf Sie wütend – und das kann Ihnen doch weiß Gott egal sein.«

In dieser Beziehung war ich mir nicht so sicher. Bates ist ein großer, athletisch gebauter Mann mit einem hitzigen Temperament.

Allerdings muß ich gestehen, daß mich Mrs. Bates scheinbare Gewißheit, daß ich kein Supermann sei, reizte und anspornte. Wenn ich so etwas von mir sage, dann heißt das noch lange nicht, daß sich andere diese Freiheit herausnehmen dürfen. Aus diesem Grund stellte ich einfach die vier Wählscheiben auf die entsprechenden Zahlen ein, drückte die Klinke herunter und öffnete den Tresor.

Dann sagte ich mit einer knappen Verbeugung kühl: »Damit dürfte Ihr Mann keine Veranlassung haben, sich über einen von uns zu ärgern« und ging.

Griswold untermalte dieses Ende mit grimmigem Schnauben und trank genüßlich einen Schluck Scotch mit Soda. »Ich nehme an, euch ist die richtige Kombination schon lange vor Ende der Geschichte klargewesen.«

»Nein, mir bestimmt nicht«, widersprach ich. »Wie lautet die Zahlenkombination, und wie bist du darauf gekommen?«

Griswold schnaubte erneut. »Seht euch doch mal diese Zahlen an«, forderte er uns auf. »Die größeren sind spielend mehrfach teilbar. 1 ist allerdings nur durch 1 teilbar. 2 ist durch 1 und 2 teilbar, 6 durch 1, 2 und 3. Damit ist 6 die niedrigste durch 1, 2 und 3 teilbare Zahl, wie ihr selbst feststellen könnt.«

»Sie ist aber auch noch durch sich selbst, also durch 6 teilbar«, warf ich ein.

»Das ist unwichtig«, wehrte Griswold ab. »Ich rede hier von den aufeinanderfolgenden Zahlen von 1 angefangen, die als Divisor dienen können. Die vierte Zahl, 12, ist die niedrigste durch 1, 2, 3 und 4 teilbare Zahl. In ihr sind auch 6 und 12 enthalten, aber das ist irrelevant.

An fünfter Stelle folgt 60. Sie ist durch 1, 2, 3, 4, 5 und 6 teilbar. 60 ist damit die niedrigste durch sämtliche vorangestellte Zahlen teilbare Zahl. Die nächste Zahl läßt sich durch alle Zahlen von 1 bis 7 und die letzte 840 von allen Zahlen von 1 bis 8 teilen.

Die folgende Zahl der Serie muß demnach die niedrigste durch alle Zahlen von 1 bis 9 teilbare Zahl sein. Multipliziert man 840 mit 3, ist die Summe durch 9 und sämtliche nachfolgende Zahlen bis 1 teilbar. Und da 840 mal 3 die Zahl 2520 ergibt, ist das die gesuchte Kombination. 2520 ist die niedrigste durch sämtliche Zahlen der Reihe 1 bis 9 teilbare Zahl. Und 10 ist übrigens auch ein Divisor. Tja, und das war's.«

21.
Das Buch aus der Bibliothek

Mein Blick schweifte über die bekannten Gesichter unserer Runde im Union Club und verweilte einen Augenblick auf Griswold, der seinen weißen Schnurrbart glattstrich, nach einem Glas Scotch mit Soda griff und sich zurücklehnte. Dann verkündete ich mit triumphierendem Lächeln: »Ich bin stolzer Besitzer eines Bildschirmtextgeräts, und ich kann es verdammt gut gebrauchen.«

»Meinst du so 'ne Schreibmaschinentastatur, die mit einem Fernsehapparat gekoppelt ist?« erkundigte sich Jennings.

»Ganz richtig. Man tippt alles mögliche, wie Additionen, Subtraktionen, Änderungen und so weiter ein, und ein Drukker spuckt dann mit einer Geschwindigkeit von vierhundert Worten pro Minute einen perfekten Brief aus.«

»Also eines steht fest«, seufzte Baranov. »Wenn sogar ein Mann mit deiner antiquierten Lebensauffassung Computer benutzt, dann revolutionieren die Dinger wirklich die ganze Welt.«

»Unwiderbringlich«, stimmte ich zu. »Das Dumme ist nur, daß wir gar nicht wissen, wer eigentlich für diese Entwicklung verantwortlich ist. Dabei wissen wir alles über James Watt und die Dampfmaschine, über Michael Faraday und den Generator, über die Brüder Wright und das Flugzeug . . .«

»Nicht zu vergessen William Shockley und den Transistor«, warf Jennings ein.

»Oder Vannevar Bush und die Anfänge der elektronischen Computer«, ergänzte ich. »Aber das alles sind keine zufriedenstellenden Antworten. Erst die Mikrochips haben eine Fließbandproduktion der Computer ermöglicht und ihn daher zu einer für jedermann erschwinglichen Ware gemacht. Nur wem haben wir das zu verdanken?«

Erst in diesem Moment fiel mir auf, daß Griswold ausnahmsweise die Augen geöffnet hatte und uns aufmerksam anstarrte. Er machte einen hellwachen Eindruck. »Mir, zum

Beispiel«, behauptete er.

»Wie bitte?« Ich glaubte mich verhört zu haben.

»Mir zum Beispiel sind die Mikrochips zu verdanken«, erklärte er herablassend.

In den frühen sechziger Jahren – begann Griswold – erhielt ich einen Telefonanruf von der reichlich verzweifelten Frau eines alten Freundes, der, wie ich einer Todesanzeige in der Zeitung entnommen hatte, am Vortag gestorben war.

Er hieß Oswald Simpson. Wir hatten gemeinsam das College besucht und waren enge Freunde gewesen. Simpson war Mathematiker, überdurchschnittlich intelligent. Er hatte nach dem Examen als Mitarbeiter von Norbert Wiener bei M.I.T. angefangen. Er war also von Anfang an bei der Entwicklung der Computertechnologie mit dabei.

Ich habe die Verbindung zu ihm nie abreißen lassen, obwohl unsere Interessen auf völlig verschiedenen Ebenen lagen. Aber eine gewisse grundlegende Intelligenz, auch wenn sie bei jedem Individuum in anderen Formen Ausdruck findet, verbindet.

Simpson hatte schon als Kind an Gelenkrheumatismus gelitten, und sein Herz war in Mitleidenschaft gezogen. Aus diesem Grund war sein plötzlicher Tod im Alter von dreiundvierzig Jahren für mich zwar ein Schock, aber keine Überraschung. Seine Frau ließ am Telefon allerdings durchblicken, daß es bei seinem Tod nicht ganz mit rechten Dingen zugegangen sein könnte, so daß ich umgehend zum Haus der Simpsons im Norden des Staates New York fuhr. Die Fahrt dauerte nur zwei Stunden.

Olive Simpson war völlig durcheinander, es hat also keinen Sinn, euch die Geschichte in ihren Worten zu erzählen. Außerdem wurden wir ständig von Ärzten, den Angestellten des Beerdigungsinstituts und von Reportern gestört, denn Simpson war auf seine Weise ein bekannter Mann. Folgendes war geschehen:

Simpson, ein verschlossener, mißtrauischer Mensch, hatte in der ständigen Angst gelebt, jemand könne seine Ideen stehlen. Die Tatsache, daß er mir vertraute, führe ich darauf zurück, daß ich mich überhaupt nicht für Mathematik interessierte. Er war daher überzeugt, daß ich aufgrund meines höchst laienhaften Wissens auf seinem Spezialgebiet mit dem, was ich durch ihn erfuhr, nichts anfangen konnte. Davon abgesehen hätte er meinen absolut ehrlichen Charakter kennen müssen.

Seine Geheimniskrämerei und sein Mißtrauen wurden schlimmer, je älter er wurde, und verhinderten schließlich sein berufliches Fortkommen. Er war ein äußerst streitbarer, unverträglicher Kollege, und es gab sogar Klagen, er würde der Firma schaden, weil er einen freien Gedankenaustausch unmöglich machte.

Simpson schien das alles völlig unbeeindruckt zu lassen, denn er war zunehmend der fixen Idee verfallen, die Firma übervorteile und betrüge ihn. Wie alle Unternehmen beanspruchte auch M.I.T. das Urheberrecht an von ihren Angestellten gemachten Erfindungen, was mir eine durchaus verständliche Haltung erscheint. Die neuen Entwicklungen wären schließlich ohne die von anderen Firmenangehörigen geleistete Vorarbeit, die firmeneigenen Geräte und Einrichtungen und die Firmenorganisation im allgemeinen kaum möglich gewesen.

Trotzdem ist es häufig vorgekommen, daß gewisse Entwicklungen einer Firma Milliarden und dem eigentlichen Erfinder nur einige tausend Dollar eingebracht haben. Es gibt wohl kaum jemanden, der sich in einer solchen Situation nicht übervorteilt vorkommt, und bei Simpson war dieses Gefühl besonders stark ausgeprägt.

Nachdem Olive Simpson mir das Verhalten ihres Mannes während der vergangenen Jahre beschrieben hatte, war klar, daß mein alter Freund auf dem besten Weg gewesen war, Paranoiker zu werden. Für vernünftige Argumente schien er nicht mehr zugänglich gewesen zu sein. Er war fest davon überzeugt, daß die Firma ihn des materiellen und ideellen Erfolgs berauben wollte, obwohl dieser allein seiner Arbeit zu verdanken war.

In einem Punkt hatte er allerdings recht. Seine Arbeit war für die Firma von großer Wichtigkeit. Auch der Unternehmensleitung muß das bewußt gewesen sein, denn sonst hätte sie wohl kaum an jemandem festgehalten, der von Jahr zu

Jahr schwieriger wurde.

Die Krise kam, als Simpson eine seiner Ansicht nach revolutionäre Entdeckung machte. Er war sicher, daß die Firma mit seiner Erfindung zum absoluten Spitzenreiter der internationalen Computer-Industrie aufsteigen, und daß die Konkurrenz Jahre, wenn nicht Jahrzehnte brauchen würde, um diesen Vorsprung wettzumachen. Trotzdem funktionierte das Ganze nach einer so einfachen Konzeption, daß man diese auf einem kleinen Zettel festhalten konnte. Ich will zwar nicht so tun, als verstünde ich viel davon, aber ich bin überzeugt, Simpsons Erfindung war ein Vorläufer der Mikrochips.

Simpson kam auf die Idee, sämtliche Einzelheiten seiner Erfindung so lange für sich zu behalten, bis sich die Firma bereit erklärte, ihm dafür eine um das Vielfache höhere Summe als die üblichen Vergütungen zu bezahlen und ihm darüber hinaus weitgehende Privilegien einzuräumen. Simpsons Motiv war klar. Er wußte, daß er nicht mehr lange zu leben hatte, und wollte seine Frau und die Kinder gut versorgt wissen. Um für den Fall vorzusorgen, daß er vor erfolgreicher Beendigung der Verhandlungen mit dem Verlag starb, bewahrte er seine geheimen Aufzeichnungen zu Hause auf. Seine Frau sollte somit die Möglichkeit haben, nach seinem Tod die Verhandlungen weiterzuführen. Das Typische für ihn jedoch war, daß er nicht einmal seiner Frau verriet, wo er die Aufzeichnungen verwahrte.

Als er eines Morgens in die Firma zur Arbeit fahren wollte, fragte er Olive Simpson plötzlich erregt: »Wo ist mein Buch aus der Bibliothek?«

»Welches Buch aus der Bibliothek?« entgegnete sie.

»Das mit dem Titel *Die Erforschung des Universums*«, antwortete er. »Ich hab's doch immer hier gehabt.«

»Ach das! Das war schon längst überfällig. Ich hab's mit dem ganzen Stapel gestern in die Bibliothek zurückgebracht.«

Simpson wurde leichenblaß. Seine Frau befürchtete, er würde auf der Stelle tot umfallen. »Was ist denn in dich gefahren?« schrie er unbeherrscht. »Das war *mein* Buch! Ich hab's mir ausgeliehen und bring's wieder zurück, wenn's *mir* paßt! Ist dir klar, daß die Firma bei uns einbrechen und alles durchsuchen lassen könnte? Aber ein Buch aus der Bibliothek würden sie nie anrühren. Es gehört ja schließlich nicht mir.«

Damit hatte er ihr praktisch durch die Blume gesagt, daß sich seine geheimen Aufzeichnungen im Buch aus der Bibliothek befanden. Aber Mrs. Simpson war viel zu sehr über seine Erregung erschrocken, um sich darüber weiter Gedanken zu machen. Deshalb sagte sie nur abwesend: »Ich hole es sofort zurück, Liebling. In einer Minute bin ich wieder da. Bitte beruhige dich doch. Es wird ja alles gut.«

Olive Simpson machte sich bittere Vorwürfe, nicht bei ihm geblieben zu sein, denn als sie mit dem Buch wieder von der Bibliothek zurückkam, hatte ihr Mann den zweiten Herzinfarkt erlitten und lag im Sterben. Aber auch wenn mein Freund früher in ärztliche Behandlung gekommen wäre, hätte man ihm nicht mehr helfen können. Die Angst, daß vielleicht jemand den Zettel in der Bibliothek herausgenommen haben und die Millionen für sein sorgfältig gehütetes Geheimnis, die seiner Familie gehörten, einstecken könnte, war zu viel für ihn gewesen.

Er starb in den Armen seiner Frau und in dem tröstlichen Bewußtsein, daß sie das Buch mit seinen Aufzeichnungen zurückbekommen hatte. Seine letzten Worte waren: »Drinnen . . . drinnen . . .« Er deutete noch auf das Buch und starb.

Ich tat mein Bestes, sie zu trösten, und versicherte ihr, daß das, was geschehen war, nicht ihre Schuld sein konnte. Um sie ein wenig abzulenken, fragte ich: »Und haben Sie in dem Buch etwas gefunden?«

Sie sah mich mit Tränen in den Augen an. »Nein«, brachte sie mühsam heraus. »Gar nichts. Ich habe eine Stunde damit verbracht, das Buch durchzusuchen. Es war schließlich sein letzter Wille, alles, was ich noch für ihn tun konnte, aber ich habe nichts entdecken können. Es ist einfach nichts drinnen.«

»Sind Sie sicher?« fragte ich. »Wissen Sie denn überhaupt, wonach Sie suchen müssen?«

Sie zögerte. »Ich glaube, es ist ein Zettel, auf dem Notizen in Oswalds Handschrift stehen«, erwiderte sie schließlich.

»Schon Tage vor seinem Tod hat er wiederholt davon gesprochen, daß er ›alles aufgeschrieben habe‹. Wie der Zettel aussieht, ob er groß oder klein, gelb oder weiß ist, weiß ich allerdings nicht. Obwohl ich das ganze Buch durchgesucht und jede Seite einzeln umgeblättert habe, habe ich nichts gefunden. Ich habe das Buch sogar geschüttelt und überprüft, ob vielleicht zwei Seiten zusammengeklebt sein könnten, aber ein Zettel kam nicht zum Vorschein.

Meine letzte Hoffnung war, daß Oswald die Aufzeichnungen nicht auf einen Zettel, sondern auf dem Buchrand oder zwischen den Zeilen gemacht haben könnte. Trotz intensiver Suche war nichts dergleichen zu entdecken.«

»Sind Sie sicher, daß Sie wirklich dasselbe Buch zurückgeholt haben?« fragte ich. »Möglicherweise besitzt die Bibliothek mehrere Exemplare vom selben Titel.«

Ms. Simpson sah mich verdutzt an. »Daran habe ich überhaupt nicht gedacht.« Sie griff nach dem Buch und betrachtete es eingehend. »Nein, es muß dasselbe Exemplar sein. Das erkenne ich an dem kleinen Tintenfleck unterhalb des Titels. Das Buch, das ich zurückgebracht habe, hatte einen solchen Tintenfleck.«

»Sind Sie ganz sicher?«

»Ja«, antwortete sie tonlos. »Wahrscheinlich ist der Zettel mit den Aufzeichnungen in der Bibliothek herausgefallen, oder jemand hat ihn herausgenommen und weggeworfen. Aber das ist jetzt gleichgültig. Seit Oswald tot ist, habe ich sowieso nicht mehr den Mut und die Nerven, mich mit der Firma herumzustreiten. Es wäre eben nur schön gewesen, keine Geldsorgen zu haben und die Kinder aufs College schicken zu können.«

»Bekommen Sie denn keine Rente von der Firma?«

»Oh, doch. In dieser Beziehung ist die Firma durchaus großzügig. Aber eine Rente würde bei der heutigen Inflationsrate kaum ausreichen. Und aufgrund seines Herzleidens konnte Oswald nie eine anständige Lebensversicherung abschließen.«

»Dann sehen wir jetzt mal zu, daß wir für Sie den Zettel, einen Anwalt und Geld kriegen. Was halten Sie davon?«

Mrs. Simpson versuchte unter Tränen zu lächeln. »Das ist

wirklich lieb von Ihnen«, seufzte sie. »Aber ich habe nicht viel Hoffnung, daß es Ihnen gelingt. Sie können den Zettel schließlich auch nicht herzaubern.«

»Aber selbstverständlich kann ich das«, widersprach ich, obwohl ich meiner Sache nicht ganz sicher war. Ich schlug das Buch auf, hielt den Atem an . . . der Zettel war da. »Hier ist er«, verkündete ich und überreichte ihn Mrs. Simpson.

Es folgten harte und mühsame Verhandlungen mit Oswald Simpsons Firma, die sich über mehrere Monate hinzogen, aber schließlich zu einem für Mrs. Simpson sehr positiven Abschluß führten. Sie wurde zwar nicht steinreich, aber sie war schließlich aller finanziellen Sorgen enthoben, und mittlerweile sind beide Kinder Collegeabsolventen. Auch die Firma profitierte von Simpsons Erfindung, denn damit war das Zeitalter der Mikrochips eingeleitet. Ohne mich hätten die Mikrochips allerdings keine Chance bekommen, und deshalb ist diese Entwicklung, wie gesagt, mir zu verdanken.

Zu unserem großen Ärger schloß er daraufhin die Augen.

»He!« schrie ich laut. Griswold öffnete ein Auge.

»Wo hast du den Zettel gefunden?« wollte ich wissen.

»Simpson hatte es doch gesagt. ›Drinnen . . . drinnen‹ waren schließlich seine letzten Worte.«

»Er meinte, im Buch«, warf ich ein.

»Das hat er nicht gesagt«, entgegnete Griswold. »Mein Freund konnte den Satz nicht vollenden, er sagte nur ›drinnen‹. Und bei dem betreffenden Buch handelte es sich um die Leihgabe einer Bibliothek.«

»Na und?«

»Bücher aus Leihbibliotheken haben etwas, das andere Bücher nicht haben«, führte Griswold aus. »Und zwar eine kleine Papiertasche auf der Innenseite des Buchdeckels, in die die Buchkarte paßt. Mrs. Simpson hatte überall, nur dort nicht nachgesehen. Und in dieser Tasche fand ich den Zettel.«

22.
Drei Pokale

An jenem Abend war es im Union Club besonders gemütlich. Draußen peitschte der Wind den Regen gegen die altmodischen, hohen Fensterscheiben, während es drinnen angenehm warm war. Griswolds leises, rhythmisches Schnarchen war zeitweise das einzige Geräusch.

Ich versuchte nicht an meinen nassen Regenmantel in der Garderobe und den Heimweg zu denken, für den ich ein Taxi finden mußte.

Schließlich streckte ich faul die Beine von mir und sagte: »Ist euch schon mal aufgefallen, wie verdammt schlecht die Polizei in der Presse immer wegkommt?«

»Bulle, Polizistensau, Polyp«, warf Baranov prompt ein.

»Nein, nein«, entgegnete ich ärgerlich. »Das sind Schimpfworte, die wir alle benutzen, wenn wir wütend sind. Ich meine vorsätzlich, mit kalter Berechnung. Viele Kriminalschriftsteller lassen sämtliche Fälle von besonders scharfsinnigen Privatpersonen lösen. Denkt nur an Figuren wie Sherlock Holmes, Hercule Poirot, Peter Wimsey und so weiter. Die Polizisten sind immer nur Stümper von Scotland Yard.«

Jennings schüttelte den Kopf. »Du bist nicht sehr gut informiert, mein Lieber. Das ist längst überholt. Heutzutage sind wieder tüchtige und intelligente Polizisten ›in‹. Von Kojac bis Colombo sind es meistens die Polizeibeamten, die die kompliziertesten Verbrechen aufklären. Mittlerweile haben sie eine wesentlich größere Popularität als die Privatdetektive von einst.«

Und damit hatte ich die Bande genau dort, wo ich sie haben wollte. Mit einem Seitenblick auf Griswold, der aufrecht und gerade, das Whiskyglas in der Hand, in seinem Sessel schlief, fuhr ich fort: »Aber nehmen wir Griswold. Er klärt zum Beispiel ständig Fälle auf, die die Polizei angeblich nicht lösen kann. Der alte Gauner meint wohl, wir glauben an das Märchen vom berühmten Griswold, der der Polizei ständig die Arbeit abnimmt.«

Griswold schlug die Augen auf. »Der alte Gauner hält jeden für dämlich, der das glaubt, mein Lieber. Die Polizei tut immer ihre Pflicht. Allerdings besteht Polizeiarbeit zu neunundneunzig Prozent aus mühsamer, tödlich langweiliger Routine. Nur gelegentlich gibt's mal einen Fall, der sich mit brillanter Kombinationsgabe von einem begabten Privatmann lösen läßt. Zum Beispiel . . .«

Er verstummte und trank einen Schluck Whisky.

»Zum Beispiel . . .«, wiederholte ich beharrlich.

Die Polizei kann den täglichen Kampf gegen das Verbrechen nicht mit scharfsinnigen Theorien und brillanten Einfällen sozusagen vom Lehnstuhl aus führen – sagte Griswold.

Damit überzeugt man nämlich kein Gericht der Welt. So etwas funktioniert eben nur in Büchern, in denen der Tatverdächtige sofort geständig ist oder sich umbringt, sobald unser Meisterdetektiv ihn mit seiner Theorie konfrontiert. Die Wirklichkeit sieht anders aus. Da leugnet der Angeklagte beharrlich, und sein Anwalt arbeitet mit allen erdenklichen Tricks. Hat man Richter und Geschworenen in einem solchen Fall nichts als blendende Theorien anzubieten, wird der Angeklagte sicher freigesprochen.

Aus diesen Gründen ist die Polizei gezwungen, in mühsamer Kleinarbeit Beweismittel zusammenzutragen, die vor Gericht bestehen können. Die Beamten vernehmen Zeugen, gehen der Herkunft von Waffen und Dokumenten nach, identifizieren Leichen und versuchen dem Täter auf jede erdenkliche Weise, manchmal sogar mit Hilfe eines Pfandscheins, auf die Spur zu kommen.

Sorgfältige Ermittlungen dauern oft Wochen und Monate und beschäftigen Dutzende von Beamten.

Aber laßt euch eines gesagt sein, das wichtigste Instrument der Polizei bei der Aufklärung von Verbrechen sind Spitzel und Informanten.

Selbst unserer Regierung gelingt es trotz aller Anstrengungen nie, undichte Stellen im Regierungsapparat zu schließen. Es gibt offenbar immer jemanden, der den Mund nicht halten kann.

Die Motive der sogenannten Informanten sind recht unterschiedlicher Art. Manche fühlen sich benachteiligt und tun es aus Rache, andere brauchen einen Nebenverdienst und verkaufen ihre Informationen so teuer wie möglich, und wieder andere spekulieren darauf, daß die Polizei sich für ihre Spitzeldienste dadurch erkenntlich zeigt, daß sie bei kleineren Gaunereien wie Taschendiebstählen, Mundraub und so weiter, ein Auge zudrückt – vorausgesetzt natürlich, die Informationen sind brauchbar und nützlich.

Die Rolle des strahlenden Helden spielt der Spitzel jedoch nie. Spitzel kommen vor allem in Kriminalgeschichten vor, in welchen scharfsinnige Theorien meistens durch Gewalt ersetzt werden. Sie finden häufig schon in den ersten Kapiteln ein unrühmliches Ende, können jedoch kurz vor ihrem Ableben gerade noch so viel sagen, daß der Inspektor völlig verwirrt ist.

Selbstverständlich passierte es gelegentlich, aber sehr selten, daß die Polizei trotz immensen Arbeitsaufwands auf keinen grünen Zweig kommt, und dann wendet sie sich meistens an mich. Manchmal kann ich sogar helfen, indem ich jene Stecknadel im Heuhaufen finde, die die Polizei aufgrund ihrer Arbeitsüberlastung übersehen hat.

So geschah es auch vor einigen Jahren in der Diamantenschmuggel-Affäre, von der ihr damals sicher in der Zeitung gelesen habt. Wenn nicht, ist das nicht wichtig, denn meine Rolle dabei wurde nie erwähnt.

Der Polizei gelang es einfach nicht, hinter die Transportmethoden der Bande zu kommen. Die Beamten überprüften monatelang sämtliche verdächtige Sendungen aus dem Ausland, ohne auch nur einen einzigen Diamanten zu finden.

Es handelte sich dabei zwar nur um mittelgroße Steine, die jedoch in solchen Mengen ins Land geschleust wurden, daß ihr Gesamtwert inzwischen mehrere Millionen Dollar betrug. Und das Schlimmste war, daß sich der Nachschub einfach nicht unterbinden ließ.

Schließlich suchte mich ein Ermittlungsbeamter des Finanzministeriums auf. Der Mann war sichtlich nervös, denn zu diesem Zeitpunkt war ich wegen einer abfälligen Äußerung über einen hohen Beamten bei der Regierung in Ungnade gefallen.

Da der Beamte dafür natürlich nichts konnte, war ich durchaus bereit, mir seine Geschichte anzuhören und wenn möglich zu helfen. Wie er berichtete, waren die Ermittlungsbehörden durch einen Informanten zum ersten Mal auf eine wirklich interessante Spur gestoßen.

Aus dieser Quelle wußte das Finanzministerium, daß ein Paket aus dem Ausland den Zoll passieren würde, das entweder die Diamanten oder aber Informationen darüber enthalten sollte, wann und wo die Ware eintreffen würde. Mehr wußte der Informant zwar auch nicht, doch auf Grund einiger Fakten war er sicher, daß es sich um eine besonders umfangreiche Sendung handeln mußte.

Das Paket traf tatsächlich zum vermuteten Zeitpunkt beim genannten Zollamt ein, wurde sofort von der Polizei beschlagnahmt und im Polizeipräsidium unter Berücksichtigung sämtlicher Vorsichtsmaßnahmen – man befürchtete nämlich, daß Paket könne eine Bombe enthalten – geöffnet.

Im Paket lagen drei herrliche Pokale aus wertvollem, geätztem Glas. Der Wert der zerbrechlichen Stücke war im vollen Umfang deklariert und der Zoll im voraus vom völlig unverdächtigen Absender bezahlt worden.

»Und sonst war nichts im Paket?« fragte ich. »Nur die Pokale?«

»Nur die Gläser.«

»Keine Diamanten?«

»Kein einziger.«

»Was haben Sie daraufhin gemacht?«

»Natürlich haben wir als erstes die Gläser gründlich untersucht.«

»Dachten Sie, die Diamanten könnten dem Glas im flüssigen Zustand beigemengt worden sein?«

»Nein, natürlich nicht«, wehrte der Beamte kühl ab. »Diamanten sind aus Karbon und oxydieren daher bei hohen Temperaturen. Flüssiges, heißes Glas hätte sie beschädigt. Trotzdem haben wir den Brechungsindex geprüft, um ganz sicherzugehen.«

»War das alles?«

»Nein. Das Glas war geätzt. Deshalb kamen wir auf die Idee, die abstrakten Figuren auf der Glasoberfläche könnten vielleicht eine verschlüsselte Nachricht sein. Aber auch damit hatten wir kein Glück. Die Untersuchung unter dem Lupen-Mikroskop ergab keinerlei Unregelmäßigkeiten in der Symmetrie der Formen, und vollkommene Symmetrie enthält keine Informationen.«

»Die Pokale müssen doch irgendwie eingewickelt gewesen sein«, überlegte ich.

»Ja, selbstverständlich. Sie waren von mehreren Lagen Seidenpapier umgeben, das wir ebenfalls Blatt für Blatt untersucht haben. Wir haben das Papier der Wärme ausgesetzt, es mit dem Vergrößerungsglas überprüft und es im Ultraviolettlicht betrachtet. Fehlanzeige! Selbst unsere Spezialisten für unsichtbare Tinten konnten nichts Ungewöhnliches entdekken.«

»Und die Schachtel?«

»Keine Angst, die ist ebenso sorgfältig überprüft worden wie das Seidenpapier. Wir haben sogar die Klebestreifen, mit denen das Paket verschlossen war, und sämtliche Aufkleber und Briefmarken sorgfältig vom Karton abgelöst, um festzustellen, ob sich darunter irgendwelche Informationen befanden.«

»Und sie haben natürlich nichts gefunden?«

»Überhaupt nichts.«

Ich dachte eine Weile nach und sagte schließlich: »Könnte es nicht sein, daß sich Ihr Informant geirrt oder sogar gelogen hat?«

Der Beamte zog eine Grimasse. »Wir haben ihn natürlich sofort festgenommen und verhört. Er hat beim Grab seiner Mutter geschworen, die Wahrheit gesagt zu haben. Es klang glaubhaft.«

»Vielleicht haben Sie das falsche Paket erwischt?«

»Jede einzelne Angabe des Informanten trifft auf dieses Paket zu. Eine Verwechslung ist ausgeschlossen.«

»Wie groß ist das Paket gewesen?« wollte ich wissen.

»Er war ungefähr vierundzwanzig Zentimeter lang, achtzehn Zentimeter breit und zwölf Zentimeter hoch.«

»Und die Pokale?«

»Sie sind zirka zwölf Zentimeter hoch. Der Kelchdurchmesser beträgt sechs Zentimeter.«

»Ist eines der Gläser angeknackst, zerbrochen oder sonst irgendwie beschädigt gewesen?«

»Nein. Sie sind in tadellosem Zustand«, erwiderte der Beamte vom Finanzministerium.

»Haben Sie das Paket noch in dem Zustand, in dem Sie es erhalten haben?«

»Selbstverständlich«, antwortete der Beamte mit düsterer Miene. »Schließlich müssen wir es jetzt mit irgendeiner Ausrede an den rechtmäßigen Adressaten weiterleiten. Eigentlich hatten wir gar nicht das Recht, es zu öffnen.«

»Sie hatten keinen Durchsuchungsbefehl?«

»Nein.«

»Tja, machen Sie sich deshalb keine Sorgen. Es ist immerhin möglich, daß ich Ihre Diamanten finde.«

Und so geschah es. Sicher habt ihr längst erraten, wo ich sie entdeckt habe. Es war eben einer jener seltenen Fälle, in denen ein brillanter Augenblickseinfall die mühselige Kleinarbeit der Polizei in den Schatten stellt.

Griswold trank einen Schluck aus seinem Glas und lehnte sich entspannt im Sessel zurück.

»Wo waren die Diamanten, Griswold!« riefen wir wie aus einem Mund.

Griswold sah uns überrascht an. »Kaum zu glauben«, murmelte er. »Habt ihr nun mitgekriegt, daß ich den Ermittlungsbeamten nach den Maßen des Pakets und seines Inhalts gefragt habe oder nicht? Hätte man Pokale dieser Größe ohne Füllmaterial in ein Paket mit den besagten Maßen gesteckt, wären sie ganz schön durchgeschüttelt worden und sicher zerbrochen. Das Seidenpapier allein hätte das zerbrechliche Glas wohl kaum geschützt.

Da die Pokale jedoch bei Ankunft des Pakets völlig intakt gewesen waren, konnte das nur bedeuten, daß eine aufwendige Verpackung benutzt worden war. Wie ihr vermutlich wißt, wird heutzutage Füllmaterial aus Plastik oder Schaumstoff verwendet. Ich mag zum Beispiel am liebsten die kleinen Plastikdinger, die wie Erdnüsse aussehen.

Allerdings neigt man dazu, das Verpackungsmaterial völlig zu übersehen. Die meisten kippen es einfach weg. Ich allerdings habe es mir in diesem Fall ganz genau angesehen, jedes Plastikteilchen überprüft und festgestellt, daß die meisten aufgeschnitten und wieder zugeschweißt worden waren. Als wir ein Plastikstück geöffnet haben, kam darin ein Diamant zum Vorschein.

Und wir haben mit diesem Paket reiche Beute gemacht, glaubt mir.«

23.

Bitte buchstabieren Sie!

Jennings kam als letzter. Nachdem er sich gesetzt, die Füße bequem von sich gestreckt und sein übliches Glas trockenen Martini – mit einer Perlzwiebel – in der Hand hatte, sagte er: »Diese Stadt hat acht Millionen Geschichten.«

»Na, das wär' doch mal 'ne Idee für eine Fernsehserie, was?« entgegnete Baranov.

»Schade, daß wir keine einzige mitkriegen«, seufzte Jennings. »Eine habe ich bestimmt gerade auf dem Weg zum Union Club verpaßt. Bei schönem Wetter gehe ich ja immer zu Fuß. Das ist gut für die Kondition. So bleibe ich fit. Ich bin kein solcher Muffel wie du«, fügte er an meine Adresse gerichtet hinzu.

»Du hältst dich damit fit, daß du dein Gehirn so lange auslüftest, bis gar nichts mehr drin ist«, konterte ich gereizt. »Jetzt redest du schon wirres Zeug.«

Griswold bewegte sich in den tiefen Polstern seines Sessels, und sein leises Schnarchen ging in unverständliches Gemurmel über.

»Also, was hast du Aufregendes verpaßt, Jennings?« erkundigte ich mich.

Jennings tat so, als habe er meine Bemerkung nicht gehört. »Ich bin an einem jungen Paar vorbeigekommen, das gerade eine Auseinandersetzung hatte. Das Mädchen – ich habe sie auf höchstens siebzehn geschätzt – hat ärgerlich geflüstert:

›Er hätte den Schatten nicht sehen dürfen. Warum hast du nicht aufgepaßt?‹ Der ungefähr zwanzigjährige Freund hat darauf geantwortet: ›Weil es sonst gefährlich geworden wäre.‹«

»Na, und weiter?« fragte Baranov.

»Mehr habe ich doch nicht gehört, weil ich weitergegangen bin«, erwiderte Jennings. »Aber das, was ich aufgeschnappt hatte, hat mich nicht mehr losgelassen. Seitdem überlege ich, was wer nicht hätte sehen sollen und warum? Und weshalb wäre es gefährlich gewesen, wenn derjenige es nicht gesehen hätte? Worum könnte es sich nur gehandelt haben?«

»Wen interessiert das schon?« bemerkte ich abfällig.

»Mich, mein Lieber«, beharrte Jennings. »Ich bin sicher, es war eine besondere Geschichte. Ein Jammer, daß ich sie nie erfahren werde.«

»Frag doch Griswold«, schlug ich vor. »Griswold gelingt es mit Hilfe seines scharfen Verstandes sicher, aus den zwei Sätzen eine abenteuerliche Geschichte entstehen zu lassen. Los, frag ihn schon!«

Trotz seines verächtlichen Lächelns merkte ich, daß Jennings versucht war, meiner Aufforderung zu folgen. Griswolds ungewöhnliche Gabe, auf den Grund der Dinge zu sehen . . .

Jennings betrachtete den grauhaarigen, alten Schläfer, und wie so oft, wenn sein Name gefallen war, stellte es sich heraus, daß er nicht tief genug geschlafen hatte, um ihn zu überhören.

Er führte das Glas Scotch mit Soda an die Lippen, schlug die Augen auf, fuhr sich mit dem Handrücken über seinen buschigen, weißen Schnurrbart und sagte: »Ich habe natürlich nicht die geringste Ahnung, was dieses Gerede über einen Schatten bedeutet hat. Allerdings habe ich in meinem Leben schon ganz merkwürdige Dinge erlebt – Dinge, die mit Verbrechen überhaupt nichts zu tun hatten.«

»Zum Beispiel?« erkundigte ich mich.

Schon von jeher hatten meine Mitmenschen das Bedürfnis, sich mir anzuvertrauen – begann Griswold. Daran sind vermutlich die Ausstrahlung meiner starken Persönlichkeit und die Klugheit schuld, die aus meinen Augen leuchtet und die Menschen glauben läßt, daß sie bei mir jene Weisheit finden, die ihnen Halt geben kann.

Was immer der Grund dafür sein mag, die Menschen kommen jedenfalls mit ihren Problemen zu mir.

In meinem Bekanntenkreis ist zum Beispiel ein Schriftsteller. Ihr kennt ihn bestimmt. Jeder literarisch gebildete Amerikaner oder Europäer kennt ihn. Obwohl sein Name für die folgende Geschichte wichtig ist, kann ich ihn nicht nennen, da ich mich zur Verschwiegenheit verpflichtet habe. Um der Story jedoch die Pointe nicht zu nehmen, taufe ich den Mann Reuben Kelinsky.

Kelinsky war normalerweise ein sorgloser Mann. Im Gegensatz zu den meisten anderen Schriftstellern hat er sich nie durch dringende Termine aus der Ruhe bringen, durch Kritiken die Laune verderben, durch die Ablehnung eines Manuskripts verbittern, von sinkenden Tantiemen deprimieren oder von der Beschränktheit oder Bosheit der Verleger, Agenten und Drucker in Rage bringen lassen. Er schrieb einen einfachen Stil, hatte hohe Auflagezahlen und war ein glücklicher Mann.

Ihr könnt euch sicher meine Verwunderung vorstellen, als er eines Tages beim gemeinsamen Mittagessen auffällig geistesabwesend war. Er kaute ständig auf der Unterlippe, ballte gelegentlich die Faust und führte Selbstgespräche.

»Was ist denn mit Ihnen los?« erkundigte ich mich mitfühlend. »Sie scheint doch etwas zu bedrücken.«

»Zu bedrücken?« wiederholte er. »Ich bin wütend! Ich versuche die Angelegenheit seit drei Wochen zu vergessen – es gelingt mir nicht. Morgens dusche ich schon kalt. Trotzdem wird es immer schlimmer. Ich koche vor Wut, und das Duschwasser wird auf meiner Haut zu Dampf.«

»Was ist denn passiert?«

»Interessiert Sie das wirklich?« fragte er mit hoffnungsvollem Blick. »Vielleicht können Sie mir erklären, was das alles zu bedeuten hat.«

»Schießen Sie los!« forderte ich ihn auf.

»Ich habe vor kurzer Zeit Durants *Weltgeschichte der Menschheit* zu einem günstigen Preis erstanden und war restlos glücklich«, begann er. »Ich hatte vor Jahren jeden Band einzeln aus der Bibliothek geholt und gelesen und mir schon immer eine komplette Ausgabe gewünscht. Der einzige Wermutstropfen war, daß der zweite Band, *Das Leben Griechenlands,* fehlte.

Sie wissen sicher, wie das ist. Da kommt man jahrelang ohne die *Weltgeschichte der Menschheit* aus, und wenn man alle Bände bis auf einen besitzt, kann man ohne diesen nicht mehr leben. Zu allem Übel hatte ich vor, sämtliche elf Bände in fortlaufender Reihenfolge zu lesen, aber keine Lust, einen Band zu überspringen und die Lektüre später nachzuholen. Da ich für den ersten Band kaum allzulange brauchen würde, blieb mir nichts anderes übrig, als innerhalb einer Woche den fehlenden Band zu beschaffen. Ich stand unter Druck, und das machte mich verrückt.

Natürlich hätte ich mit dem Kauf warten sollen, bis ich wieder in New York war, wo ich viele Buchhändler kenne, die mir liebend gern behilflich gewesen wären. Aber leider saß ich ein paar Tage in Washington fest und wollte einfach nicht warten. Auf dem Weg zu einer Verabredung zum Mittagessen kam ich an einer großen Buchhandlung vorbei und ging einer plötzlichen Eingebung folgend hinein.

Ich hatte es eilig und war es außerdem gewöhnt, daß man mich in Büchereien kannte – dort war ich schließlich in meinem Element. Ich fragte daher die Dame hinter der Ladentheke ziemlich barsch: ›Wo haben Sie Will Durants Geschichtswerke?‹ Die Dame deutete vage in die Richtung einer Wendeltreppe. Ich rannte die Stufen hinauf und fand mich in der erdrückenden Übermacht von Tolstoi und Dostojewski wieder.

›Hallo, ich sehe hier keinen Durant?‹ rief ich hinunter.

Auf Anweisung der Dame ging ich weiter und fand riesige Regale, in denen nur Werke von Durant standen. Da war sein *Caesar und Christus, Das Vermächtnis des Ostens,* das *Zeitalter der Vernunft* und mindestens ein Dutzend Exemplare von jedem Band seiner *Weltgeschichte der Menschheit* mit Ausnahme des zweiten Bandes. Ich habe wertvolle Zeit mit Suchen vertan, weil ich einfach nicht glauben wollte, daß *Das Leben Griechenlands* nicht vorhanden sein sollte.

Schließlich rannte ich frustriert die Treppe wieder hinunter. Obwohl ich bereits zu spät zu meiner Verabredung kommen würde, war ich entschlossen, mir besagten Band zwei zu sichern. ›Wo kann ich ein Buch bestellen?‹ erkundigte ich mich bei der Dame hinter der Ladentheke. Wortlos deutete sie in eine andere Richtung. Ich lief zu einem Schreibtisch, hinter dem ein junger Mann saß.

›Ich möchte ein Buch bestellen‹, erklärte ich atemlos. Das sinnlose Herumrennen bekam mir nicht.

Der Mann sah mich mit steinerner Miene an und schwieg. ›Ich will ein Buch bestellen‹, wiederholte ich. ›Und zwar Durants *Das Leben Griechenlands.*‹

Der Mann machte keine Anstalten, zu Formular und Bleistift zu greifen. Schließlich ließ er sich zu der Frage herab: ›Ihr Name bitte?‹

In der Hoffnung, endlich ein wenig Bewegung in den jungen Mann zu bringen, antwortete ich laut und vernehmlich: ›Reuben Kelinsky.‹

›Buchstabieren Sie das bitte‹, forderte er mich daraufhin eiskalt auf.

Das war zuviel für mich. Ich kam mir vor wie in einem Alptraum. Natürlich behauptete ich nicht, daß die ganze Welt schon von mir gehört haben müßte. Ich erwarte eigentlich nur, daß mich jeder Zehnte oder mindestens jeder Hundertste kennt. Aber ich glaube, ich darf zu Recht davon ausgehen, daß der Angestellte einer großen Buchhandlung in der Lage sein müßte, meinen Namen richtig zu schreiben. Zu diesem Zeitpunkt standen nämlich mindestens zwölf meiner Bücher in besagtem Geschäft.

Auf dem Schreibtisch des jungen Mannes lag ein Autorenverzeichnis. Ich schlug den Buchstaben K und dann die Seite auf, auf der mein Name stand. ›Hier, *so* schreibt man *Kelinsky*‹, erklärte ich dann.

›Ich lasse mich von Ihnen nicht schwach anreden‹, entgegnete der Bursche plötzlich. ›Ich nehme Ihre Bestellung nicht an.‹

Es blieb mir tatsächlich nichts anderes übrig, als die Buchhandlung zu verlassen. Ich war so wütend, daß ich kaum einen Bissen herunterbrachte, und von dem wenigen, das ich aß, auch noch Verstopfung bekam. Und was das Schlimmste war, ich hatte noch immer nicht das Buch, das ich mir so wünschte. Natürlich habe ich mir den Band zwei sofort nach meiner Rückkehr nach New York gekauft. Damit ist zwar die Ausgabe komplett, aber meine Wut hat sich nie gelegt. Ich habe sogar einen Beschwerdebrief an die Buchhandlung in Washington geschrieben. Im Antwortschreiben beschuldigte mich die Geschäftsleitung, mich unflätig benommen zu haben, und bat mich, ihren Laden nie wieder zu betreten. Und ich kann nichts dagegen tun. Ich verstehe das alles einfach nicht.«

Er starrte eine Weile düster vor sich hin und fuhr dann fort: »Wissen Sie, daß Sie bisher der einzige sind, dem ich die Geschichte erzählt habe? Aber jetzt fühle ich mich offen gestanden schon besser. Allein darüber zu sprechen erleichtert.«

»Ganz richtig. Aber Sie können die Sache ebensogut vergessen. Wenn Ihnen im Leben sonst noch nichts Schlimmes passiert ist, dann sind Sie der glücklichste Mann der Welt.«

»Ich weiß. Aber warum zum Teufel hat er mich aufgefordert, meinen Namen zu buchstabieren?«

»Tja, Reuben«, begann ich vorsichtig. »Ich habe eben nur Ihre Version der Geschichte gehört. Sind Sie vielleicht nicht doch ausfallend geworden?«

»Nein, das schwöre ich! Ich habe Ihnen alles wahrheitsgetreu erzählt. Ich habe den Burschen weder angeschrien noch beschimpft, obwohl ich's verdammt eilig hatte und mir eigentlich danach zumute gewesen ist.«

»Sie brauchen nicht gleich ärgerlich zu werden«, beruhigte ich ihn. »Ich muß nun alle Möglichkeiten in Betracht ziehen. Sie haben Ihren Namen doch richtig ausgesprochen, oder?«

Reuben jedoch wurde ärgerlich. »Sie also auch noch! Haben sich denn alle gegen mich verschworen? Glauben Sie, ich weiß nicht, wie man *meinen Namen* ausspricht? Selbstverständlich spreche ich ihn korrekt aus. Ich habe mir sogar verdammt viel Mühe gegeben, ihn deutlich zu artikulieren, um dem Burschen klarzumachen, wer ich bin. Ich war ein Idiot! Ich hätte bis zu meiner Rückkehr nach New York warten sollen.«

»Tja, wenn das so ist, dann sind wir vermutlich einer kriminellen Vereinigung auf der Spur«, bemerkte ich. »Ich bitte Sie aus diesem Grund, mich zu einem Freund zu begleiten, der für die Regierung arbeitet.« Und ihr drei wißt vermutlich schon längst, was passiert war, schloß Griswold.

»Nein, das wissen wir nicht«, widersprach ich, ohne eine Miene zu verziehen.

»Was? Keiner von euch?« fragte Griswold.

»Kein einziger«, erwiderte ich, und die anderen nickten zustimmend.

»Also wenn das so ist, dann seid ihr auch für die vielen Geschichten nicht empfänglich, die diese Stadt täglich schreibt«, entgegnete Griswold verächtlich. »Überlegt doch mal! Weshalb konnte der Mann in der Buchhandlung Kelinsky gebeten haben, einen Namen zu buchstabieren, den er ganz sicher kennen mußte?

Darauf gibt es eine mögliche Antwort, und ihr sind wir nachgegangen. Der Name konnte als eine Art Kennwort zwischen Personen gedient haben, die sich nicht kennen, jedoch in einer riskanten Angelegenheit aufeinander angewiesen sind. Zu diesem Zweck sucht man natürlich ein Kennwort aus, das einem zufälligen Beobachter nicht verdächtig vorkommen kann.

Falls die Buchhandlung als Kontaktstelle einer kriminellen Organisation diente, mußte eine Methode gefunden werden, nach der sich die richtigen Leute erkennen konnten und Informationen nicht an die falsche Person gerieten. Das konnte dann zum Beispiel so funktionieren: Ein Eingeweihter fragt nach einem Buch. Sobald der Verkäufer um den Namen des Kunden bittet, nennt dieser einen bekannten Autor: Mark Twain, Saul Bellow, Herman Melville oder eben – Reuben Kelinsky.

Ist der Gesprächspartner nur ein harmloser Angestellter, weiß er, wie man den Namen schreibt, nimmt die Bestellung auf, und bittet wenn es sich um einen lebenden Autoren handelt, um ein Autogramm. Ist der vermeintliche Angestellte allerdings der richtige Ansprechpartner, bittet er den Kunden, den Namen zu buchstabieren, was normalerweise eine ganz lächerliche Reaktion wäre.

Aber jeder, der bereitwillig auf die Bitte eingeht, gibt sich dem Kontaktmann als Komplice zu erkennen. Als Reuben allerdings wütend nach dem Autorenverzeichnis griff, wußte der andere sofort, daß er den echten Schriftsteller vor sich hatte, und versuchte ihn so schnell wie möglich loszuwerden. – Verstanden?« erkundigte sich Griswold.

»Und du hast natürlich die Buchhandlung ganz genau unter die Lupe genommen und dort ein Verbrechernest ausgehoben, was?« fragte Jennings beinahe bewundernd.

»Nun, zu diesem Zeitpunkt operierte in Washington ein Rauschgiftring, und ich hatte zuerst den Verdacht, die Buchhandlung könne als Kontaktadresse dienen. Aber ich hatte mich geirrt«, seufzte Griswold. »Es war ganz anders. Der junge Buchverkäufer hatte Kelinsky in Wirklichkeit sofort erkannt. Da er allerdings Reubens Bücher nicht mochte, wollte er sich über ihn lustig machen, was ihm ja auch gelungen ist. Trotzdem ist Kelinsky mit dem Ausgang der Geschichte einigermaßen zufrieden, denn die Ermittlungen waren für den Buchverkäufer äußerst unangenehm – obwohl er sich als unschuldig und harmlos entpuppte. Sicher hat er sich von da an seine Späße besser überlegt.

Im übrigen zeigt die Geschichte, daß ich keinesfalls darauf bestehe, immer und in jedem Punkt recht zu haben«, schloß Griswold selbstgefällig.

24.

Das halbe Gespenst

Moralische Entrüstung bildet den Zündstoff für die meisten Diskussionen am Dienstagabend im Union Club. Diesmal war Baranov an der Reihe.

»Soviel ich gelesen habe, sind acht Kongreßabgeordnete unter dem Verdacht, Kokain geschnupft zu haben, verhaftet worden«, begann Baranov. »Angeblich ist ihnen das Zeug von einigen Pagen des Kongresses beschafft worden. Ich finde so was einfach widerlich.«

Ich war eigentlich derselben Meinung, doch Baranov reizte mich, wie so oft, zum Widerspruch. »Aber weshalb denn? Überleg mal, wie viele Kongreßabgeordnete sind die meiste Zeit halb betrunken? Und wie viele haben ihr Denkvermögen schon im Nikotindunst vergiftet? Sucht ist Sucht. Da sollte man keine Unterschiede machen.«

»Es gibt Suchtmittel, deren Genuß gegen das Gesetz verstößt«, konterte Baranov. »Das ist doch wohl ein Unterschied – und Kongreßabgeordneten sollte das eigentlich klar sein.«

»Ich möchte nicht wissen, wie viele von ihnen das Finanzamt betrügen. Das ist auch gegen das Gesetz.«

Jennings deutete mit dem Daumen auf mich. »Ah, jetzt kehrst du wieder eine liberale Gesinnung raus. Nur weil der Genuß von Tabak nicht verboten ist und du nicht rauchst, könnten sie deiner Meinung nach wohl auch den freien Handel mit Kokain erlauben, was?«

»Zufällig schnupfe ich auch kein Kokain«, entgegnete ich frostig. »Ich versuche euch nur klarzumachen, daß uns Scheinheiligkeit nicht weiterhilft. Entweder wir schaffen die sozialen Mißstände ab, die zum Drogenmißbrauch führen – und ich schließe Tabak und Alkohol bewußt mit ein – oder wir wursteln weiter wie bisher und machen nichts Ganzes und nichts Halbes . . .«

In diesem Augenblick verstummte Griswolds Schnarchen abrupt. Er streckte die Beine von sich und sah uns an.

»Polizeibeamte sind dazu da, das Gesetz zu verteidigen, ob das nun sinnvoll erscheinen mag oder nicht«, verkündete er. »Um die Lösung sozialer Probleme müssen sich schon andere kümmern.«

»Ich schätze, du hast deinen Teil dazu beigetragen«, bemerkte Jennings.

»Gelegentlich«, erwiderte Griswold. »Einmal habe ich sogar eine Geistergeschichte erlebt . . . oder vielmehr die Geschichte einer Gespensterhälfte.« Er trank einen Schluck Scotch mit Soda und nahm eine bequeme Haltung in seinem Sessel ein. Jedem war sofort klar, daß er so tat, als wolle er wieder ein Nickerchen machen. Doch Jennings trat ihm gegen den Knöchel.

»Oh!« entfuhr es Griswold mit gespieltem Erstaunen. »Ihr wollt die Geschichte doch nicht etwa hören?«

Es kommt nicht häufig vor, daß man mich bei ganz normalen Kriminalfällen zu Rate zieht – begann Griswold. Die Arbeitsmethoden der Polizei entsprechen Tom Edisons Vorstellung von Genialität: neunundneunzig Prozent Schweiß und ein Prozent Inspiration.

Gibt es zum Beispiel deutliche Anzeichen dafür, daß sich in einer bestimmten Stadt oder einem Land ein Rauschgiftring etabliert hat, und die ›Szene‹ der Polizei außer Kontrolle zu geraten droht, arbeiten sämtliche Polizeieinheiten auf Hochtouren.

Es dauert dann einige Zeit, bis nach mühevollen Ermittlungen die Polizei größere Mengen des Rauschgifts konfiszieren, Schuldige festnehmen und der gerechten Strafe überführen kann, und die Zeitungen ihre Sensation haben.

Aber selbst wenn das Rauschgift vernichtet ist und die Drogenhändler eine Weile aus dem Verkehr gezogen sind, ist die Situation nicht bereinigt. Das Rauschgift wird auf anderen Wegen weitergeliefert, neue Drogenhändler schießen wie Pilze aus dem Boden. Auf diese Weise ist der Kampf gegen Rauschgift eben manchmal nichts Ganzes und nichts Halbes . . . wie unser Freund hier schon vermutet hat.

Und in den meisten Fällen sind die Erfolge der Polizei alles andere als spektakulär. Es gelingt oft nur unbedeutende

Mengen Rauschgift zu beschlagnahmen, die kleinen Fische landen im Gefängnis, und die Hintermänner bleiben im dunkeln.

Meine Freunde, die Arbeit der Polizei ist meistens mühevoll und frustrierend. Und wenn wir nach den Verantwortlichen für die Probleme unserer Welt suchen, dann sollten wir die Polizei weitgehend ausklammern – wenigstens in den meisten Fällen.

Viele Polizeibeamte, die in der Drogenszene ermitteln, stoßen bei ihren Routineuntersuchungen wohl gelegentlich auf eine Information oder einen Hinweis, der sie auf einen Durchbruch hoffen läßt. Und ganz im Gegensatz zur Meinung der Massenmedien denkt ein Polizist in einer solchen Situatiuon nicht unbedingt an Beförderung oder Gehaltserhöhung, sondern hat lediglich das erhebende Gefühl, eine Lanze für Anständigkeit und Menschlichkeit gebrochen zu haben.

Normalerweise erreicht man das nur durch jene berühmten neunundneunzig Prozent Schweiß. Und schlägt die Polizei dann schnell und unerwartet zu, dann braucht sie für den Erfolg eben das eine Prozent Inspiration. Das sind dann die Situationen, in denen man sich an mich wendet.

Ein Lieutenant der Kriminalpolizei hat das in einem Fall vor ungefähr zwanzig Jahren getan. Er war ein alter Freund, und ich war immer bereit, ihm zu helfen.

»Griswold«, sagte er zu mir und machte eine Geste mit Daumen und Zeigefinger. »Es fehlt nur noch so viel, dann weiß ich endlich, auf welchem Weg ein Großteil des Rauschgifts in unsere Stadt kommt.«

»Na, ausgezeichnet«, lobte ich.

»Es ist nur leider fraglich, ob es mir gelingt, an die wenigen, fehlenden Informationen heranzukommen. Mir fehlt ein halbes Gespenst.«

»Ein was?« fragte ich verblüfft und glaubte, der normalerweise recht humorlose Lieutenant habe einen Witz gemacht, den ich nicht verstand.

»Im Lauf unserer Ermittlungen sind wir auf eine Person gestoßen, die uns ganz sicher Informationen geben kann, die uns zu den Köpfen der Organisation führen.«

»Dann schnappt ihn euch«, riet ich ungeduldig und hoffte, der Lieutenant würde endlich zur Sache kommen.

»Können wir nicht«, entgegnete der Lieutenant. »Wir kennen nur den Spitznamen dieser Person. In der Szene nennt man ihn das ›halbe Gespenst‹.«

»Das ist doch wohl nicht Ihr Ernst?«

»Offenbar hat er sich diesen Spitznamen selbst gegeben. Mehr wissen wir nicht. Und solange wir ihn nicht identifizieren können, ist er für uns sogar ein hundertprozentiges Gespenst!«

»Und Sie haben nicht die geringste Ahnung, um wen es sich handelt?«

»Doch«, antwortete der Lieutenant. »Alles deutet darauf hin, daß er zu der Bande der ›Black Belts‹ gehört.«

»Dann knöpft euch einen der Burschen vor und bringt ihn zum Reden.«

Der Lieutenant rollte mit den Augen. »Von diesen hartgesottenen Schlägern singt keiner, verlassen Sie sich drauf. Schweigen ist die erste Gaunerpflicht. Und wenn es uns wider Erwarten doch gelingen sollte, aus einem von ihnen etwas rauszubekommen, weiß das ›halbe Gespenst‹, daß wir hinter ihm her sind, und macht sich dünn.«

»Dann verhaften Sie eben die ganze Bande.«

»Wir haben nichts gegen sie in der Hand, Griswold. Wir leben nun mal nicht in einem Polizeistaat – so bedauerlich das manchmal auch sein mag. Außerdem wären die Burschen durch eine solche Aktion natürlich gewarnt. Haben Sie vielleicht eine Idee, wie wir das ›halbe Gespenst‹ aus heiterem Himmel schnappen und es zwingen könnten, uns die gewünschten Informationen zu verraten?«

»Haben Sie denn irgendwelche Anhaltspunkte für mich? Ich meine, von nichts kommt nichts.«

»Wir vermuten, daß der Spitzname ›halbes Gespenst‹ in irgendeinem Zusammenhang zu seinem Vornamen steht«, antwortete der Lieutenant. »Aber das ist alles, was ich zu bieten habe. Wir kennen natürlich die Vornamen sämtlicher Bandenmitglieder, die alt und schlau genug sind, um das ›halbe Gespenst‹ sein zu können, aber kein einziger hat was ›Gespenstisches‹ an sich.«

»Nennen Sie mir die Namen«, forderte ich ihn auf.

»Hier ist eine Liste. Die Namen sind alphabetisch geordnet.«

Ich warf einen Blick auf die Aufstellung und las: Alex, Barney, Dwayne, Gregory, Jimmy, Joshua, Lester, Norton, Roy, Simon.

»Heißt einer wirklich Dwayne?« erkundigte ich mich ungläubig.

»Sie rufen ihn einfach Bugsy. Jedes Mitglied hat einen Spitznamen. Nur einer wird zusätzlich noch ›halbes Gespenst‹ genannt. Die Frage ist, welcher?«

»Passen Sie auf, Lieutenant«, begann ich. »Wäre der Spitzname Rock, was soviel wie Fels bedeutet, würde ich auf Simon tippen. Simon heißt im Aramäischen ›Fels‹, wie schon in der Bibel steht. Deshalb wurde der Apostel Simon im Lateinischen Petrus und im Englischen Peter genannt. Das wissen die meisten. Wäre der Deckname ›King‹, also König, käme nur Roy in Frage, denn ›roy‹ ist das französische Wort für König. Bei Jericho würde ich sofort an Joshua denken.«

»Weshalb erzählen Sie mir das alles? Der Deckname lautet ›halbes Gespenst‹.«

»Sind Sie sicher? Könnte das kein Irrtum sein?«

»Sicher? Was heißt schon sicher? Zu neunzig Prozent sind wir jedenfalls sicher.«

»Und Sie wissen bestimmt, daß es sich um ein Mitglied der ›Black Belts‹ handelt?« bohrte ich weiter.

»Auch in diesem Punkt sind wir ziemlich sicher.«

»Und in bezug auf die Vornamen?«

»Da sind wir hundertprozentig sicher. Wir haben sogar die Geburtsurkunden überprüft. Griswold, ich brauche Ihren Rat jetzt – so schnell wie möglich. Sehen Sie sich die Liste noch einmal an.«

Ich überflog erneut die Namen. »Was Offensichtliches ist es jedenfalls nicht.«

»Wenn es das wäre, hätte ich Sie ja nicht gebraucht, Griswold.«

»Was wissen Sie abgesehen von den Namen von den Bandenmitgliedern?« erkundigte ich mich. »Haben sie Schulen besucht?«

»Selbstverständlich haben alle ›offiziell‹ eine Schule besucht«, erwiderte der Lieutenant. »Wie oft sie im Unterricht gewesen sind, ist eine andere Frage. Ich schätze alle können wenigstens lesen und schreiben. Ansonsten war die Straße eine harte Schule für sie. Dämlich sind sie jedenfalls nicht.«

»Hat nicht möglicherweise einer von ihnen eine gute Schulbildung? Ich meine wenigstens einen Highschool-Abschluß, vielleicht ein paar Semester College? Nein, sagen Sie mir nicht wer, nur ob es der Fall ist. Oder liest einer von ihnen vielleicht viel, holt sich regelmäßig Bücher aus der Leihbibliothek?«

Der Lieutenant sah mich verwundert an. »Also, das würde für ein Mitglied der Bande zutreffen. Er hat zwei Jahre lang ein College dieser Stadt besucht und ist dann abgegangen. Ich habe das nicht weiter ernst genommen. Heutzutage wird jeder zugelassen, egal welche Noten er hat. Soll ich das noch mal überprüfen?«

»Das ist vielleicht gar nicht nötig. Und das alles trifft nur auf ein Bandenmitglied zu?«

»Ganz richtig.«

»Könnte es vielleicht der hier sein?« Ich deutete auf einen Namen.

Der Lieutenant starrte mich fassungslos an. »Ja. Woher zum Teufel wissen Sie das?«

Ich erklärte es ihm. »Schnappen Sie ihn, Lieutenant«, riet ich.

Der Lieutenant tat es. Was danach geschah, bewegte sich manchmal vielleicht am Rand der Legalität, aber der Lieutenant hatte mit der Methode Erfolg. Und ihr müßt zugeben, daß es in gewissem Sinn tatsächlich eine Gespenstergeschichte war.

Griswold gähnte, trank einen Schluck Scotch mit Soda und schloß die Augen. Baranov, der sich die Liste der Namen auf einem Zettel notiert hatte, sagte in diesem Augenblick: »Verdammt noch mal, Griswold! Kein einziger der Namen hat auch nur im entferntesten was mit Gespenstern oder Schuldbildung zu tun.«

Griswold schnaubte verächtlich. »Ein Gespenst ist eine ›Erscheinung‹ und Erscheinung bedeutet im Lateinischen ›Spektrum‹. Und beim Wort ›Spektrum‹ denkt man automatisch an das Farbenspektrum, also jenes Lichtband, das entsteht, wenn Licht wie bei Isaac Newton in einem Prisma gebrochen wird. Das lernt man heutzutage in jeder Highschool und auf jedem College, und wenn man ein bißchen Humor hat, kann man eben beim Spektrum auch an Gespenster denken.

Jeder Schüler lernt, die Farben dieses Lichtbandes mit Hilfe von Eselsbrücken in der richtigen Reihenfolge. Im Englischen ergibt sich somit Red (Rot) - Orange (Orange) - Yellow (Gelb) - Green (Grün) - Blue (Blau) - Violet (Violett). Reiht man einfach nur die Anfangsbuchstaben der Farben aneinander, erhält man ROYGBV. ROY wäre hiermit das ›halbe Spektrum‹ oder das ›halbe Gespenst‹.

Und da Roy das einzige Bandenmitglied war, das eine einigermaßen gute Schulbildung genossen hatte, konnte nur er auf die Idee mit dem seltsamen Spitznamen gekommen sein . . .«

25.

Die Lady aus Dallas

Das Rascheln von Jennings Zeitung klang in der vornehmen Atmosphäre des Union Club beinahe anstößig, doch Jennings mußte damit offenbar seinem Ärger Luft machen.

»Beim jüngsten Bombenanschlag der IRA sind fünf Pferde getötet worden«, verkündete er gereizt. »Den Attentätern muß von Anfang an klar gewesen sein, daß die Tiere daran glauben müssen. Weshalb sollen Pferde für den unsinnigen Fanatismus der Menschen büßen?«

»Das war doch schon seit den Anfängen der Kavallerie so«, entgegnete Baranov gelangweilt.

»Solange die Menschheit glaubt, es sei lohnend, sich wegen lächerlicher kultureller Unterschiede umzubringen ...«, begann ich.

»Es passiert doch seit fünftausend Jahren, also seit Beginn der Geschichte der Menschheit«, unterbrach Baranov mich. Das tat er gern in dem Augenblick, da ich einige Perspektiven zurechtzurücken versuchte. »Und daran ist auch in Zukunft nichts zu ändern.«

Jennings raschelte erneut mit seiner Zeitung. »Israel im Libanon, der Iran im Irak, Bürgerkrieg in Honduras und El Salvador, die Welt ist voller Terroristen ...«

»Ein einheitliches Konzept gegen Unwissenheit und Elend, und die wahren Feinde ...«, versuchte ich es wieder.

»Aber was können wir mittlerweile dagegen tun?« fiel Baranov mir erneut ins Wort.

Griswold, der mühsam in seinem berühmten Halbschlaf versucht hatte, ein Bein über das andere zu schlagen, brummte ärgerlich und sagte: »Mittlerweile sollte jeder einzelne das tun, was er tun kann, wenn sich eine Gelegenheit bietet.«

»So wie du, natürlich«, bemerkte ich mit beißendem Sarkasmus.

»Ja, gelegentlich ist mir das mit meinen bescheidenen Mitteln gelungen«, erwiderte er, schlug die Augen auf und starrte mich an.

Besonders peinlich und belastend ist der Unruheherd Nordirland für Amerika – begann Griswold. Einerseits ist Großbritannien unser engster Verbündeter, andererseits lebt in unserem Land eine große Zahl politisch aktiver und mächtiger Amerikaner irischer Abstammung. Aus diesem Grund kann die amerikanische Regierung praktisch nichts für die eine Seite tun, ohne damit die andere zu brüskieren. Selbst fromme Wünsche können in diesem Zusammenhang mißverstanden werden.

Obwohl jeder weiß, daß die Irisch-republikanische Armee zum großen Teil Geld und Waffen aus den Vereinigten Staaten erhält, muß unsere Regierung alles tun, um wenigstens nach außen hin den Schein zu wahren. Großbritannien hat das natürlich längst durchschaut und ist, inoffiziell versteht sich, verbittert, was die amerikanische Regierung wiederum veranlaßt, die Hilfe für Nordirland aus unserem Land möglichst einzuschränken.

Der Chef der Abteilung mußte mir das alles nicht erst erklären, als er eines Abends nach dem Essen zu mir ins Büro kam. Ich kannte den Sachverhalt.

»Von Amerika aus werden Waffen über neue Kanäle nach Irland geschleust«, sagte er. »Das müssen wir unbedingt unterbinden. Wir können terroristische Aktionen, aus welchen Gründen auch immer, nicht dulden.«

»Kommt denn von der irischen Regierung Unterstützung?«

»Offiziell natürlich nicht«, antwortete er.

Ich nickte. Auch die Haltung der Republik Irland war durchaus verständlich. Die dortige Regierung wollte unbedingt vermeiden, daß der Terror auch auf ihr Staatsgebiet übergriff. Sie mußte daher versuchen, die Hitzköpfe der IRA in Zaum zu halten, ohne nach außen hin den Eindruck zu erwecken, mit den britischen Unterdrückern von einst gemeinsame Sache zu machen.

»Ich nehme an, daß Sie noch nicht feststellen konnten, auf welchem Weg die Waffen nach Irland gebracht werden, und sind deshalb zu mir gekommen«, sagte ich zum Chef.

»Ich bin hier, um Ihnen das hier zu zeigen«, entgegnete er steif und faltete ein Blatt Papier auseinander. Es war die Kopie eines Zettels, und darauf standen in Druckbuchstaben die folgenden fünf Zeilen:

»Es war mal 'ne Lady mit Namen Alice,
die trank gern und häufig ein Helles.
Dann nannte sie Affen
und dumme Großstadtlaffen,
die Leute aus Houston und Dallas.«

Einige Buchstaben waren mit Schnörkeln verziert, und am Blattrand waren einige Kritzeleien zu sehen.

»Der Autor stammt vermutlich aus dem Nordosten oder dem Mittelwesten, was?« murmelte ich.

»Aus Boston.«

»Und mit diesen Zeilen wollte er seiner Verachtung für die Großstädte in Texas Ausdruck verleihen.«

Der Chef der Abteilung machte eine abwehrende Handbewegung. »Das spielt keine Rolle, Griswold. Wichtig ist nur, daß die Zeilen von einem unserer Agenten stammen, dem es gelungen war, bis in den engen Kreis derer vorzudringen, die den Nachschub für die IRA organisieren. Wir haben Grund zu der Annahme, daß er herausgefunden hatte, auf welchem Weg die Lieferungen nach Irland gelangen.«

»Aber offenbar können Sie ihn danach nicht mehr fragen, was?«

»Richtig. Er ist tot.«

»Hm«, murmelte ich. »Wo haben Sie das Blatt Papier gefunden?«

»In seinem Hotelzimmer. Er muß es am Abend vor seinem Tod geschrieben haben und zwar während einer Besprechung mit den Mittelsmännern, die den Waffenschmuggel organisieren. Wir haben eindeutige Hinweise, die in diese Richtung weisen. Drei Stunden später oder so war unser Mann tot.«

»In seinem Hotelzimmer?« Als mein Chef nickte, fuhr ich fort: »Könnte der Täter vielleicht ein Einbrecher gewesen sein, der mit der Sache gar nichts zu tun hatte?«

»Unwahrscheinlich. Wir glauben nicht an Zufälle. Das Zimmer ist durchsucht worden, und offenbar hat der Mörder auch gefunden, was er haben wollte. Jedenfalls konnten wir nichts entdecken, das uns geholfen hätte – bis auf das Blatt Papier mit den Versen. Es lag zusammengefaltet unter einem Fuß der altmodischen Badewanne. Unser Mann könnte es dort versteckt haben, als er merkte, daß seine Freunde ihn entlarvt hatten und hinter ihm her waren.«

»Ja, glaubte er denn, die fünf Zeilen könnten Ihnen weiterhelfen? Inwiefern?«

»Wir wissen, daß er sich ständig durch irgendwelche äußeren Anregungen zu Kritzeleien verleiten ließ. Das war eine Macke bei ihm. Wir vermuten daher, daß während der Besprechung mit den Waffenschmugglern eine Bemerkung wie zum Beispiel ›Alice aus Dallas‹ gefallen ist, und ihn veranlaßt hat, das seltsame Gedicht zu schreiben.«

Ich dachte eine Weile nach. »Alice aus Dallas? Was sollte das aussagen? Wie es in dem Gedicht heißt, ist Dallas eine Großstadt, und es muß dort mehrere tausend Frauen mit dem Namen Alice geben. Alice ist kein seltener Name.«

»Sie haben vollkommen recht«, stimmte der Chef zu. »Aber wir tappen offen gestanden nicht ganz im dunkeln. Aufgrund unserer Informationen konnten wir die Möglichkeit einigermaßen eingrenzen. Trotzdem hat uns die Spur ›Alice aus Dallas‹ nichts gebracht.«

»Aber es war schließlich nicht der einzige Hinweis.«

»Nein. Unser Agent erwähnte zwei Städte. Wir mußten also auch die andere in unsere Suche miteinbeziehen.«

»Houston? Das ist noch größer als Dallas. Falls diese Stadt gemeint war, was ist dann aus der ›Alice aus Dallas‹ geworden, die den Autor zu seinem Vers inspiriert hat?«

»Es ist nicht gesagt, daß eine ›Alice aus Dallas‹ der Anlaß zu diesem Gedicht war. Im Lauf des Gesprächs könnte ebensogut eine ›Alice aus Houston‹ erwähnt worden sein, und unser Mann dachte automatisch, daß sich Alice im Englischen besser auf Dallas reimen würde.«

»Dann nehme ich an, daß sie Houston gründlich unter die Lupe genommen haben.«

»Selbstverständlich. Zufällig sind diese zwei Städte kaum Hochburgen der IRA-Sympathisanten, was uns die Aufgabe erleichtert hat. In New York oder Boston hätten wir uns schwerer getan.«

»Und haben Sie in Houston etwas entdeckt?«

»Nein, nichts.«

»Dann ist der Vers vermutlich bedeutungslos«, erklärte ich.

»Das wollen wir einfach nicht glauben«, beharrte der Chef. »Unser Agent hatte den Zettel unter die Badewanne geschoben. Das kann doch nur bedeuten, daß dies eine Information für uns sein sollte. Nur welche?«

»War die Rückseite des Zettels ebenfalls beschriftet?« wollte ich wissen.

»Nein.«

»Gab es Anzeichen für . . .«

»Es wurde auch keine unsichtbare Tinte verwendet«, schnitt der Chef der Abteilung mir das Wort ab. »Unser Mann hätte doch unmöglich während einer wichtigen Besprechung mit unsichtbarer Tinte eine Nachricht schreiben können. Vermutlich hat ihm schon das bedeutungslose Gekritzel auf dem Zettel hier den Kopf gekostet.«

»Was ist mit den Schnörkeln und den Kritzeleien? Könnten sie eine Bedeutung haben?«

»Wir konnten jedenfalls darin keine erkennen. Sie vielleicht?« Er hielt mir das Blatt Papier unter die Nase.

»Nein«, mußte ich zugeben. »Sie wissen so gut wie ich, daß der Zettel möglicherweise völlig unwichtig ist«, fuhr ich fort. »Vielleicht hat er den Vers zum harmlosen Zeitvertreib geschrieben, ihn anschließend in den Papierkorb geworfen, den Papierkorb aber verfehlt, so daß der Zettel unter der Badewanne gelandet ist.«

Mein Besucher musterte mich ärgerlich. »Selbstverständlich besteht diese Möglichkeit. Aber wir können es dabei einfach nicht bewenden lassen. Wenn die IRA eine neue Waffenlieferung aus Amerika erhält, dann setzen die Briten die Regierung . . . und die Regierung setzt uns unter Druck. Ich will verhindern, daß unsere Abteilung einen Rüffel bekommt. Außerdem hänge ich an meinem Job.«

»Was haben Sie also vor?«

»Im Augenblick bleibt mir nichts anderes übrig, als die zwei genannten Großstädte erneut unter die Lupe zu nehmen. Natürlich haben wir die Suche nicht aufgegeben, aber ich brauche unbedingt einen neuen Anhaltspunkt. Wir müssen irgend etwas übersehen haben. Das Wort ›Großstadtlaffen‹ könnte doch zum Beispiel eine Bedeutung haben. Finden Sie nicht?«

»Wie wär's mit dem Namen einer dritten Stadt?«

»Was soll das?« Der Chef der Abteilung riß mir das Blatt Papier aus der Hand. »Glauben Sie, aus einigen Buchstaben ließe sich der Name einer dritten Stadt bilden?«

»Nein, das würde ich nicht sagen«, wehrte ich ab. »Die Sache ist viel einfacher und eindeutiger.«

»Ich verstehe kein Wort.«

Ich erklärte ihm meine Theorie. Als ich geendet hatte,

starrte er mich entgeistert an und schnaubte: »Das ist ja lächerlich.«

»Das können Sie halten, wie Sie wollen«, erwiderte ich.

Daraufhin stürmte er aus meinem Büro. Was danach geschah, hat er mir nie gesagt, und ich tat ihm natürlich auch nicht den Gefallen zu fragen. Durch Freunde in der Abteilung weiß ich jedoch, daß zu diesem Zeitpunkt keine Waffenlieferung für Irland die Vereinigten Staaten verließ. Daraus schloß ich, daß die von mir erwähnte dritte Stadt tatsächlich die dringend benötigte Spur war, und daß dort eine Person mit Namen oder Codenamen »Alice« die Fäden in der Hand hielt. Ich hatte also vermutlich wieder einmal den Nagel auf den Kopf getroffen und geholfen, den Waffennachschub zu unterbinden. Aber das ist ja nicht sehr verwunderlich.

Griswold trank mit selbstgefälliger Miene sein Glas aus.

»Weshalb macht ihr so verdutzte Gesichter?« erkundigte er sich.

»Wir sind nicht verdutzt«, widersprach Baranov. »Nur amüsiert. Diesmal hast du dich in dein eigenes Lügengespinst verheddert.«

»In diesem Vers kommt überhaupt keine dritte Stadt vor«, warf Jennings ein.

»Und das weißt du ganz genau«, ergänzte ich.

»Ich habe nie behauptet, daß sie in dem Vers tatsächlich erwähnt wird«, entgegnete Griswold. »Ich habe den Chef lediglich gefragt, ob ihm der Name einer dritten Stadt vielleicht weiterhelfen würde.«

»Welche dritte Stadt?« erkundigte ich mich.

»Auf dem Zettel, mein Freund, stand nicht einfach nur ein harmloser Vers oder ein Gedicht. Es war ein Limerick.«

»Was denn sonst?« bemerkte Jennings. »Das haben wir längst kapiert.«

»Aber Limerick ist nicht nur die Bezeichnung für eine bestimmte Gedichtart, Limerick ist auch eine Stadt in Irland und zwar eine bedeutende Hafenstadt im Südwesten an der Mündung des Shannon. Die besondere Gedichtart ist nach der Stadt benannt worden, obwohl der Ursprung der Versform nicht eindeutig zu ergründen ist. Wenn demnach der Agent die anderen von einer ›Alice aus Limerick‹ hatte reden hören, die eine wichtige Rolle im Waffengeschäft spielte, dann konnte ihn das durchaus dazu inspirieren, einen Limerick über Alice zu schreiben. Und genau das ist offenbar geschehen.«

Nachwort

Als ich meine letzte Geschichte mit dem Titel *Die Lady aus Dallas* in der Redaktion ablieferte und Eric sagte, daß ich genug Geschichten habe, um eine komplette Sammlung herauszugeben, hatte ich insgeheim damit gerechnet, daß er dies erleichtert als das Ende der monatlichen Reihe willkommen heißen würde.

Natürlich hätte ich mich angesichts einer solchen Reaktion ein wenig gekränkt gefühlt, mich jedoch sicher schnell wieder erholt. Schließlich ist es harte Arbeit, sich jeden Monat eine neue Geschichte von »Griswold« ausdenken zu müssen. Immerhin habe ich noch anderes zu tun.

Aber Eric reagierte ganz anders. Er sagte lediglich: »Na, prima.«

»Hast du die Geschichten nicht schon satt, Eric? Soll ich vielleicht aufhören?«

Eric sah mich überrascht an. »Selbstverständlich nicht. Weshalb? Willst du nicht mehr?«

Was sollte ich darauf antworten? Schließlich habe ich auch meinen Stolz. »Nein, natürlich nicht«, erwiderte ich hastig. »Ich soll es satt haben, mir jeden Monat eine neue Geschichte auszudenken? Unsinn! Wo ich den Auftrag für gut ein Dutzend Bücher habe? Was bleibt mir anderes übrig?«

Deshalb also mache ich vermutlich weiter. Und in zweieinhalb Jahren habe ich einen zweiten Sammelband fertig, vorausgesetzt, die Geschichten bringen mich inzwischen nicht um. Ich wollte Sie nur warnen.

Penthouse. Das Format
für Leser mit Format.